歴史文化ライブラリー

594

江戸城の土木工事

石垣・堀・曲輪

後藤宏樹

吉川弘文館

目　次

近世城郭の基礎知識——プロローグ

本書の目的

近年、テレビ番組や雑誌などの影響もあって空前のお城ブームである。全国お城ランキングでは、姫路城や松本城、彦根城、熊本城といった天守閣《てんしゅかく》のある城が上位にあり、この高層建築が「お城」というイメージで定着している。ちなみに、「天守閣」は近代になって名付けられた名称で、江戸時代の史料には「天守」「天主」と記されている。

これに対して、日本城郭協会は「日本百名城」を定めて古代から近代のさまざまな城が全国に残っていることを広め、さらに毎年小中学生を対象に行っている「城の自由研究コンテスト」では、「縄張《なわばり》」「石垣《いしがき》」といった天守以外の城の全体像を調べる内容が多く見受けられるようになっている。少しずつではあるが、天守だけではない、近世城郭の魅力が広がってきている。

織田信長《おだのぶなが》の安土《あづち》城に始まる近世城郭の建設では、「縄張」という、城や城下町の設計図を定める。その名は土地に縄を張って城地を選定することに由来する。縄張が定まると、堀や石垣、土地の造成といった土木工事を行う「普請《ふしん》」と、天守や櫓《やぐら》、御殿などの建築工事を行う「作事《さくじ》」がなされ、城郭が完成するのである。「城郭」という名が示すように城は、主郭である本丸を中心にいくつかの郭《くるわ》（曲輪《くるわ》）で区切られた防御空間である。

本書で対象とした江戸城は、天守台は残されているが、高層建物の天守は明暦三年（一六五七）の大火で焼失して以来存在していない。江戸時代前期の城の多くには天守が存在していたが、中期には火災などによって消失していった。平和な時代に戦国の象徴である天守は不必要として江戸城天守は再建されず、それが規範となって全国の城の天守も再建されなくなっていった。明治維新や戦災などを経て、現存する天守は全国に一二ヵ所しかない。つまり、全国の城郭のあり方は、将軍の城である江戸城の動向を受けていたのである。

慶長五年（一六〇〇）の関ヶ原の戦いの後、多くの地域で築城が実施されたが、慶長十五年、一国一城令《いっこくいちじょうれい》によって大規模な改変が許されなくなったのである。一方、江戸城は慶長九年から寛永十三年（一六三六）の将軍三代、約三〇年間にわたる築城を経て完成した。さらに明暦大火直後の再建に合わせた改変など、時代の推移や要請に応じて改築が繰り返され、その推移は時代を象徴している。

本書で取り上げる江戸城の築城は、天守のような建築ではなく、縄張や石垣、堀といった土木工事を扱うものである。地味ではあるが、江戸時代の城普請を通して中世から近世への技術的推移やその工事体制の変化をみていきたい。最初に、初代将軍の徳川家康《とくがわいえやす》から三代将軍家光《いえみつ》までのおよそ三〇年間にわたる江戸築城について、主に石垣築造をもとに江戸城下も含めて整備されていく過程を紐解く。さらに明暦の大火を契機とした、平和の世を印象付ける江戸城再建や、幕末に至る災害を通して城の再建体制の変化を取り上げることとする。そこには戦国・織豊《しょくほう》期の城郭史とは異なる近世築城史を垣間見ることができるであろう。

戦国期から織豊期の城郭に関わる書物は、これまで多く出版されているが、本書はその後の城郭普請の変貌を描くものである。さらに明治維新後、東京は引き続き首都として我が国の政治経済の中心地となっている。最終章では家康の築いた江戸城下町が現代都市にどのように活かされてきたかも確認したい。いうなれば、江戸城の移り変わりを首都東京の中で再発見しようという試みである。

戦国の世から天下統一へ

江戸城築城を述べる前に、家康に至る中世から織豊期の城の変遷を確認しておきたい。地域の軍事的施設として誕生した「城」は、中世の時代には、崖地《がけち》や急斜面など自然の要害である山上に築かれていた。戦国時代となり、土塁《どるい》や石垣など人工的な防御施設が構築できるようになると、領国経営の便宜のため丘陵上や平地を選ぶようになった。

織田信長の安土城に始まる天下人の築く城下町は、それ以前の城下町が城と市場が独立に存在する二元的構造であったのを、領主居館を中心とする一元的な構造へと変貌させていった。信長は天正四年（一五七六）、安土山を拠点として城下町建設を行い、城下西側に広がる入江の奥にある船着場や、市場としての湖岸集落を計画的に組み込むとともに、京都と東国を結ぶ街道を城下に引き込んだ。さらに、琵琶湖《びわこ》周辺に家臣の城を配置して、湖上交通とともに京都のみならず北陸までも含む畿内一帯を主とした広域を支配する要衝地とした。安土城築城に際して豊臣大坂城や江戸城に先駆けて家臣に工事を割り与え（割《わり》普請《ぶしん》）、城内に家臣団を居住させることで、信長を頂点としたヒエラルヒーを確立した。安土城はこうした縄張の先進性とともに、天守や礎石《そせき》建物、金箔瓦《きんぱくがわら》、石垣がセットとなって城に取り入れられたことが特徴であり、彼の思想が天下統一とともに全国に広まっていくこととなった。

続く豊臣秀吉《とよとみひでよし》の大坂城は、大阪湾に注ぐ淀川《よどがわ》河口に位置した上町台地《うえまちだいち》にあり、古代以来の陸上交通の要地で、中世の港として栄えた堺《さかい》とも通じる立地であった。慶長三年（一五九八）の三《さん》の丸《まる》造成という一大工事を前後とした後期大坂城時代になると、防御ラインの創出とともに台地上の谷筋を埋め、本丸《ほんまる》・二《に》の丸《まる》・三の丸・惣構《そうがまえ》、さらに外側に広がる船場《せんば》や天満《てんま》の町家《まちや》を作り、計画的に武家地《ぶけち》・町地《ちょうち》を配置していった。秀吉は、安土城を凌ぐ巨大な天守や高石垣《たかいしがき》で城を固め、城と城下町を一体化した惣構の創出によって、信長に継ぐ天下人となったのである。

近世に入り城郭が軍事拠点だけでなく政治拠点としての役割を持つようになると、城下町や家臣団防備のために、従来の城中枢部（内郭《うちぐるわ》）から、さらにもう一重外側に防御線を設けるようになった。これが「惣構」である。北条氏征伐のとき、小田原城で惣構堀の効果を目にした秀吉は、京都御土居《おどい》、大坂城に惣構を築き、その防衛力は後に二〇万の徳川軍を食い止めることになる。

こうした巨大権力のもと飛躍を遂げた土木技術を背景とした大都市建設は、徳川家の江戸へと受け継がれていったのである。

江戸幕府の創設

天正十八年（一五九〇）に北条氏旧領を受け継いだ徳川家康は、旧領を離れて江戸入部を果たす。慶長五年（一六〇〇）の関ヶ原の戦いに勝利すると、家康は敵対した諸大名を改易《かいえき》、減封《げんぽう》とし、味方した豊臣大名は加増とともに江戸や大坂の中心地から離れた中国・四国などに配置転換させた。そして京・大坂を結ぶ東海道・中山道《なかせんどう》に配置されていた豊臣大名の領地が徳川方のものとなった。この全国規模の大名配置転換を契機に慶長年間は城と城下町の建設ラッシュとなった。こうして徳川家は幕領《ばくりょう》や旗本《はたもと》知行地《ちぎょうち》を含めて約七〇〇万石を支配する巨大権力となっていったのである。

慶長八年、家康は将軍に補任されると、諸大名の参勤《さんきん》を歓迎し、江戸に屋敷を与えていった。慶長二十年、大坂夏の陣で豊臣氏が滅亡するとこの動きは拡大し、寛永十二年（一六三五）に三代将軍家光が参勤交代を制度化した。これによって全国の大名が江戸と国元《くにもと》を往復することとなり、街道や宿場など交通網が整備され、四代将軍家綱《いえつな》の頃までには日本橋を起点とする五街道を定め、現代に繋がる全国の道路交通網を確立した。

また、大名の転封と一国一城令によって、全国各地の城と城下町が整備され、地域の政治・経済・文化の中心地となった。これが現代の大都市の基盤となったのである。

江戸城の構造

江戸城は将軍の居所、幕府の政庁《せいちょう》である本丸を中心とした本城《ほんじょう》（本丸・二の丸・三の丸）と前将軍の隠居所《いんきょじょ》、世継ぎの住居である西《にし》の丸《まる》、それらを取り巻く吹上《ふきあげ》と北《きた》の丸《まる》からなっている。本丸には敷地全面に本丸御殿が広がり、幕府政庁の「表《おもて》」、将軍住居の「奥《おく》（中奥）」、将軍正室（御台所《みだいどころ》）などの住居である「大《おお》奥《おく》」に分かれていた。この江戸城中心部は内郭と呼ばれ、周囲約二里（七・八五キロ）、東西二一町（二・二九キロ）、南北一七町（一・八五キロ）、総面積四二四・八ヘクタールである。

現在、江戸城本丸周辺は皇居東御苑《ひがしぎょえん》となり、今でも大手門《おおてもん》や平川門《ひらかわもん》、内桜田門《うちさくらだもん》などの枡形門《ますがたもん》と呼ばれる城門や、富士見三重櫓《ふじみさんじゅうやぐら》、桜田巽二重櫓《さくらだたつみにじゅうやぐら》が残され、同心番所《どうしんばんしょ》・百《ひゃく》人番所《にんばんしょ》・大番所《おおばんしょ》の建物が復元されている。また、緑豊かな二の丸庭園は、二の丸御殿の付属庭園として寛永十二年（一六三五）の小堀遠州《こぼりえんしゅう》の作庭以来幾度も改変を加えながら幕末を迎えた回遊式庭園であった。回遊式庭園とは、池や築山《つきやま》を中心に園路を巡らすもので、武家を中心として江戸時代に発展した庭園である。昭和期の復元にあたっては、十八世紀中頃に再建された御殿絵図をもとに整備されたという。また現在の二の丸庭園に建つ「諏《す》訪《わ》の茶屋」は、江戸時代に吹上庭園にあったものをここに移転させた歴史的建造物である。吹上はもともと徳川御三家の屋敷をはじめとした徳川一門と譜代《ふだい》の屋敷があったが、明暦大火後の防火政策によって広大な池泉回遊式《ちせんかいゆうしき》庭園となり、その庭園の姿を今も良く残している。

内郭の周囲には大名屋敷や主要な町人地があり、これを石垣・土塁・水堀からなる外堀が取り巻いている。寛永十三年の江戸城外堀普請の記録には「外郭《そとぐるわ》」とともに「惣構」という表現がある（『東京市史稿　皇城編』一、一〇六一頁）。その周囲は約四里（一五・七キロ）で、東西方向で約五〇町（五・四五キロ）、南北方向で約三五町（三・八二キロ）となった。外郭を含めた江戸城の総面積は二〇八二ヘクタールに及び、秀吉時代の大坂城の五倍程度にもなる我が国最大級の超巨大城郭であった。

外堀は慶長十一年（一六〇六）の第一次天下普請によって内郭東側の雉子橋《きじばし》から虎ノ門《とらもん》まで造成され、その後幾度かの改修を経て寛永十三年に完成した。江戸城東方の低地では石垣による堀が築かれ、西方の台地では谷など自然地形を活用し、赤坂門《あかさかもん》から牛込門《うしごめもん》を経て神田川《かんだがわ》に至る、土手の堀が造られた。外郭にある丸の内・霞《かすみ》が関《せき》・虎ノ門には有力外様大名や譜代大名の屋敷、永田町・紀尾井町《きおいちょう》には譜代大名を配置し、番町《ばんちょう》や駿河台《するがだい》には旗本屋敷が置かれた。また、町人地は麹町《こうじまち》や神田、日本橋など主に主要街道沿いとされた。こうして江戸城外郭内には身分秩序に応じて武家地・町地などが計画的に配置されていったのである。

城下町は「御府内《ごふない》」と呼ばれ（以下「江戸市街」と表記）、その範囲は江戸城を中心とする品川・四谷・板橋・千住《せんじゅ》の江戸四宿までの地域と、隅田川以東の本所《ほんじょ》・深川《ふかがわ》であった。江戸後期の文政元年（一八一八）に定められた「江戸朱引図《しゅびきず》」には町奉行支配の「墨引《すみびき》」と御府内を示す「朱引」が示されている。この地域は現在の千代田区・中央区・港区・文京区の全域と、新宿区・豊島区・台東区のほぼ全域、荒川区・墨田区・江東区・品川区・

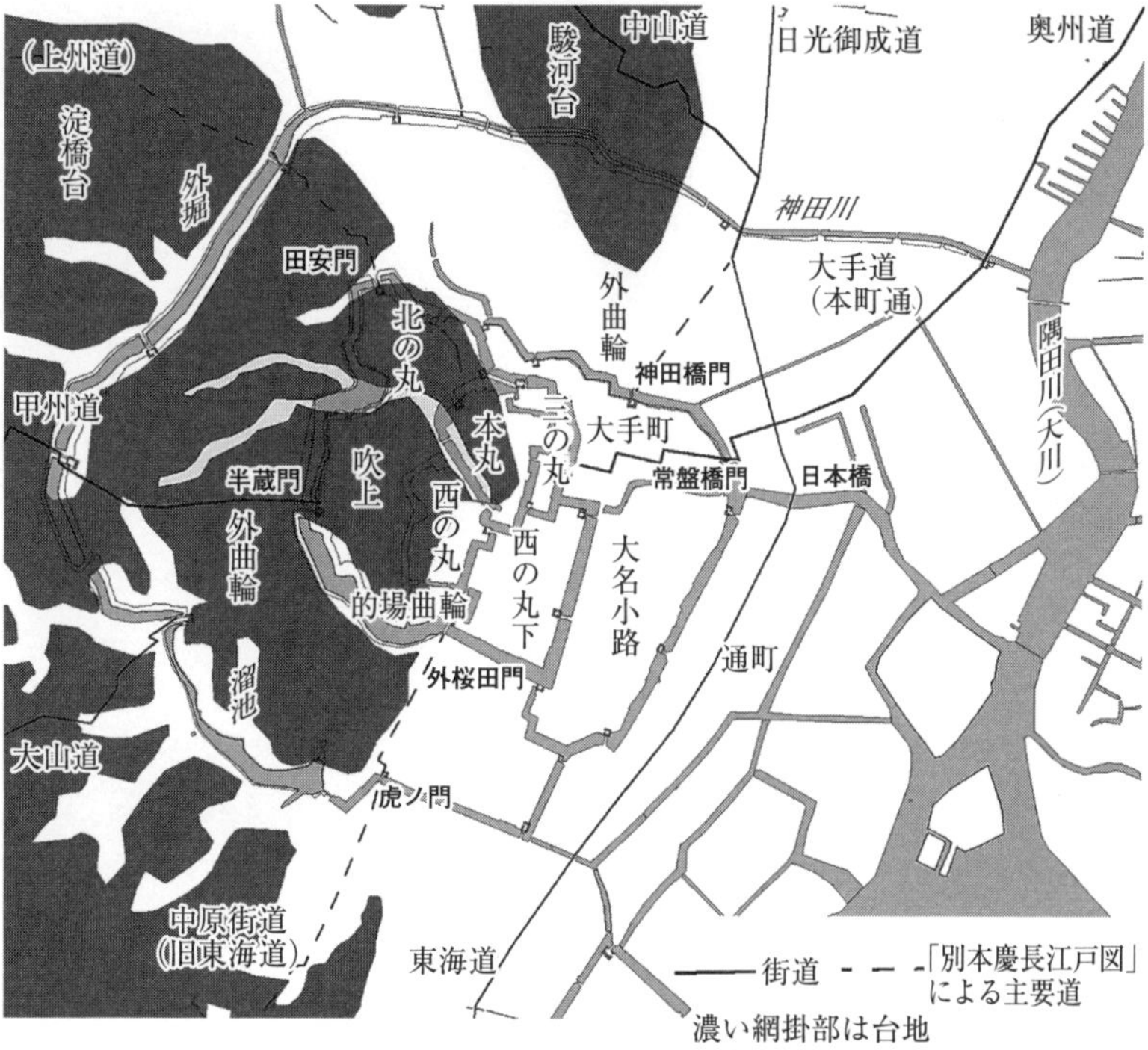

図１　江戸城周囲の地形図

目黒区・渋谷区・板橋区・北区の一部が該当する範囲である。

江戸城石垣の基礎知識

織田信長から豊臣秀吉に至る城づくりは織豊系城郭と呼ばれ、全国の城郭へ広がるとともに石垣の一大技術改革が成し遂げられた。

そのひとつは所々に石垣の角（入隅《いりすみ》・出角《ですみ》）を造ることである。直方体の巨石を二石もしくは三石横に並べて、角石《すみいし》と角脇石《すみわきいし》を上下交互に積んで支える「算木積《さんぎづ》み」と呼ばれる工法である（図2）。これは「横矢がかり」とも呼ばれ、角部を要所に造ることで、敵兵が石垣を登ってきたときに横方向から攻めることができる利点がある。この防御としての効用とともに角部を強固にして、そこに力が加わるように石垣を積むことによって崩壊を防ぐという利点もある。

もうひとつの技術改革は、石垣の裏側に拳大ほどの河原石や砂利《じゃり》を詰めた「裏込《うらご》め」をつくることである。石垣の大きな崩壊要因は、石垣の背面に雨水が侵入することによって、石垣裏の土が流れて石垣が崩れ落ちる現象である。裏込めをつくることで雨水をすぐに石垣の間から排出することができ、石垣を崩れにくくする効果がある。

こうして近世城郭の石垣は全国的に普及していくこととなった。そして築石《つきいし》あるいは平石《ひらいし》と呼ばれる石垣石材の積み方が時代によって変化していった。まず、加工がほとんどされていない石材を積む「野面積《のづらづ》み」、荒割りした石材を積むが、隙間に間詰石《まづめいし》を多く入れ込む「打込《うちこ》みハギ」、精緻に加工した石材で積む「切込《きりこ》みハギ」へと推移していった。こうした石垣変化は、石の密着を高めることによって、低い石垣から高石垣へ、緩やかな勾配の石垣から急勾配の石垣へと構築が可能となり、城の防御性を高めることとなった。

さらに、石材をそのまま積んでいく「乱積《らんづ》み」、横目地（上下の石材間の継ぎ目）がまっすぐ通るようにする「布積《ぬのづ》み」の二種がある。

江戸城では明瞭な野面積みの石垣はなく、打込みハギ以降の石垣である。詳しくは後述するが、江戸城の石垣は、慶長十一年（一六〇六）の天下普請では主に「打込みハギ乱積み」、元和・寛永期（一六二〇〜三〇年代）には「打込みハギ布積み」から「切込みハギ布積み」となる。明暦三年（一六五七）大火後の石垣は「切込みハギ布積み」となる。江戸城跡では約半世紀間の技術的変遷をみることができる。また、全国の大名を動員して築いた石垣は、普請を担当した諸大名の技術力の差を知ることもできる。

江戸の近隣には採石可能な地域がないため、江戸城石垣の石材は小田原から真鶴《まなづる》を経て稲取《いなとり》（現東伊豆町）に至る伊豆半島の東海岸と、沼津周辺の西海岸沿いの山地などに分布する安山岩《あんざんがん》が用いられた（図12）。この安山岩は「伊豆堅石《かたいし》」とも呼ばれ、石垣を築く上で堅牢な石材であった。

「石曳図屛風《いしびきずびょうぶ》」（箱根町、個人蔵）には、石切場での石材切り出しから運搬、湊《みなと》への積

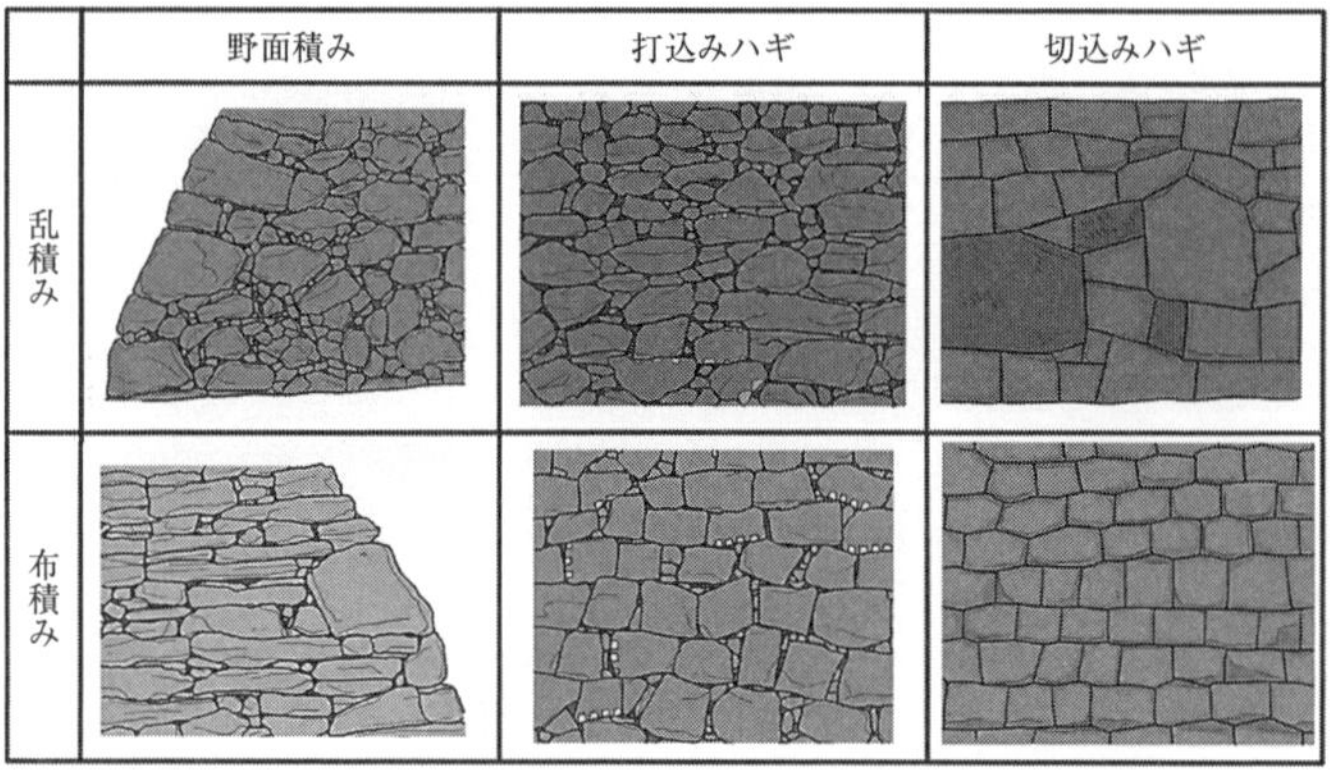

（お城情報 web サイト城びと／かみゆ）

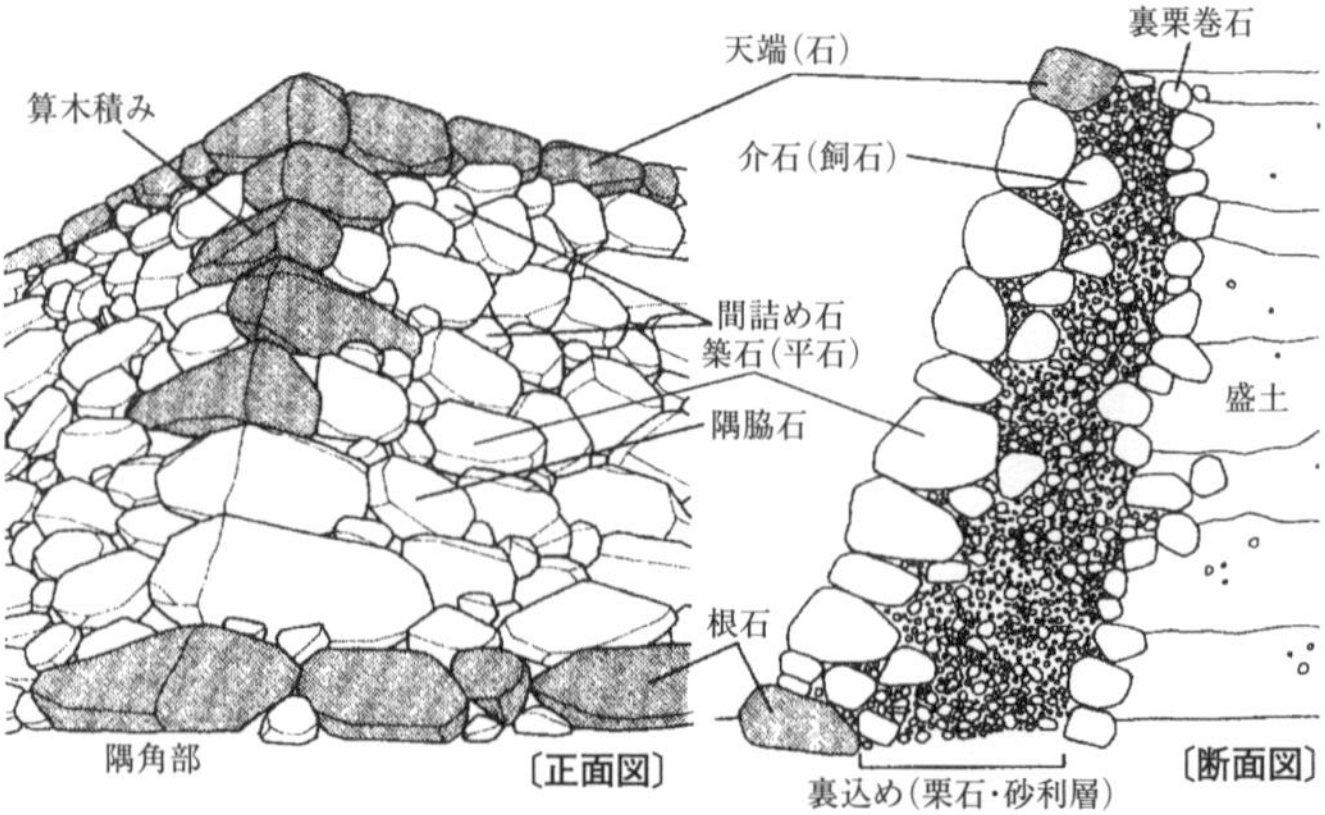

（国〈文化庁保管〉，文化庁文化財部記念物課2015より）

図２　石垣の種類

図3　「築城図屏風」（部分，名古屋市博物館所蔵）

み込みが描かれている。まず切り立った岩盤に方形の矢穴を穿ち、そこに矢と呼ばれる鉄製の楔《くさび》を差し込み、上から金槌で叩いて割ることで石材を切り出す。そして沢伝いに巨石を綱で曳いて山を下り、コロを敷いたうえに修《しゅ》羅《ら》（そり）で湊まで運び、検査場でチェックを受けて轆轤船《ろくろせん》で石を帆船に積み込む風景が描かれている。江戸城では大川《おおかわ》（現在の隅田川）河口の霊巌島《れいがんじま》で石を水揚げして、道三堀《どうさんぼり》の銭瓶橋《ぜにがめばし》の石置き場を経て各石丁場《いしちょうば》に運ばれたと考えられる（『細川家史料』）。

江戸築城の様子は絵図に残っていない。代わりに「築城図屏風」をみてみよう。この屏風は描かれた家紋などから、慶長十二年（一六〇七）に家康が隠居所とした駿府城《すんぷじょう》の石垣普請を描いたものと推定されている（波多野純二〇〇三）。

屏風には多くの人々が石垣用の石を運んでいる様子がみられる。まず、巨石を載せた修羅を百人以上の人々が引いており、巨石の上にはお面を付けてホラ貝を吹く人や、ドラや旗指物《はたさしもの》を持って踊る様子が描かれている（図3）。こうして運ばれる巨石は、権威の象徴となるような大手門など城の中心部に用いられたものであろうか。それに対して、石垣を構成する築石（平石）は縄を付けて引かれ、大八車《だいはちぐるま》に載せられた築石は牛によって運ばれている。栗石《ぐりいし》と呼ばれる石垣の裏込めに用いられる河原石は、円錐形の竹籠《たけかご》に入れ、背に乗せて運ばれている。

次に石垣を積む現場である。石垣上では梃子棒《てこぼう》を持った男たちが積んだ石の位置調整をしており、その下では石垣に組んだ足場上でノミを使って石垣表面を調整している。天下普請を担った大名たちが多くの人足を手配して工事を行っていたことを、この絵図からうかがえる。

江戸城築城前史

江戸の地理的環境

江戸城周辺の遺跡から原地形をさぐる

まず、発掘された遺跡や文献資料から、江戸周辺の地理的環境に着目して、徳川家康が江戸城を築く以前の地形や歴史を紐解いてみよう。

後に江戸市街となる地域は、古代には武蔵国《むさしのくに》豊島郡《としまぐん》・荏原郡《えばら》、下総国《しもうさのくに》葛飾郡《かつしか》に属していた。このうち城周辺（千代田区）は、豊島郡江戸郷と荏原郡桜田《さくらだ》郷にあたる。この「江戸」という地名の語源については、「入江のある所（湊《みなと》）」「江所《えど》（江を臨む所）の意」「アイヌ語の岬《みさき》などを示す〝ｅｔｕ〟に由来」などの説があるが、いずれも「水辺」をイメージさせ、江戸は古くから水上交通の要地であったと考えられる。

近世以来の埋め立てや周辺河川の流路変更などによって大きく地形が変化しているが、

家康入部当時の江戸城は直下まで日比谷入江が入り込み、神田川下流の平川や旧荒川（隅田川）など多くの河川の河口に位置する、海辺の城だった。江戸城の位置する台地は、江戸湾に注ぐ平川《ひらかわ》、千鳥ヶ淵《ちどりがふち》の谷、溜池《ためいけ》の谷によって北側から切り込まれている。さらに江戸城の東方にある低地のうち、現在の日比谷一帯は海岸となっており、丸の内〜有楽町を結ぶ線に江戸《えど》前島《まえじま》と呼ばれる、縄文《じょうもん》海進《かいしん》・海退《かいたい》によって形成された半島状の出洲《でず》があった。この間に広がっていた海が日比谷入江である。

海から陸へ

ここからは江戸城下のうちで造成によって地形の変化が著しい大手町から丸の内・有楽町の遺跡発掘調査成果をもとに江戸時代以前の地形を解き明かしていこう。この地域は家康入国以降埋め立てが進行し城下に取り込まれ、城下の中心となる地域である。図4は鈴木尚氏の『日本人の骨』に掲載された地形図に遺跡出土地を図示したものである。このうち等高線は約一万八〇〇〇年前の最終氷期に堆積した「洪積《こうせき》層《そう》」の高さを示したものである。この図は縄文時代以前に遡る地形を示しており、江戸の地形はこの基盤のうえに立地しているのである。

この図に示された等高線を読みとると、現在の皇居東《ひがし》御苑《ぎょえん》二の丸から皇居外苑、さらには日比谷公園にかけての南北にのびる等高線の間隔が詰まった部分があり、その東側の東京駅を中心として鉄道路線に沿ったところにも南北に連なる等高線が詰まった部分があ

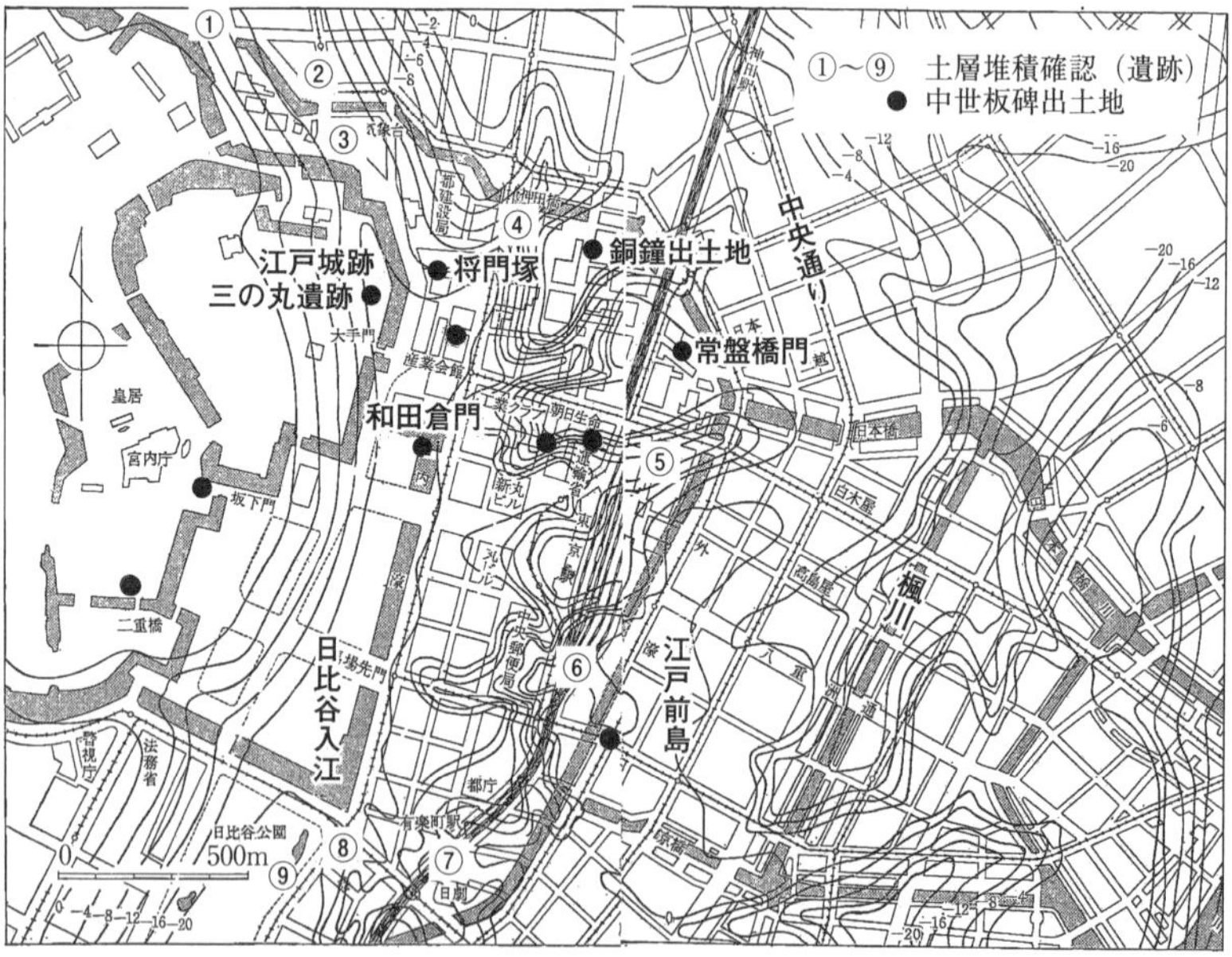

図４　日比谷入江周辺の遺跡分布（鈴木尚1963より，一部加筆）

①九段南二丁目遺跡，②一ツ橋二丁目遺跡，③一橋徳川家屋敷跡，④大手町二丁目遺跡，⑤東京駅八重洲北口遺跡，⑥丸の内一丁目遺跡，⑦有楽町二丁目遺跡，⑧有楽町一丁目遺跡，⑨日比谷公園内の地質調査

ったことがわかる。つまり、その間の地域が江戸時代以前まであった日比谷入江となる範囲を示しているのである。この図から入江は、江戸城東方から西の丸下（現在の皇居外苑）と、大名小路《だいみようこうじ》（現在の丸の内）の西端が該当することがわかる。

一方、日本橋を中心とした南北に走る中央通りに沿った神田・日本橋・京橋・銀座に繋がる地域には等高線がほとんどないことから、この地域が、「江戸前島」に該当する。現在の中央通り（江戸時代の通町筋）が江戸前島の尾根を通過していることをこの図から読みとることができる。さらにその東側の旧楓川《かえでがわ》（現在の首都高都心環状線）にも南北に連なる谷があることがわかる。

次に図中の①から⑨の遺跡と●印の中世の板碑《いたび》出土地をもとに日比谷入江の範囲や入江に注ぐ平川の流路を復元してみたい。まず、約六〇〇〇年前の縄文時代前期に海水準が現在よりも約四・四㍍以上高くなった。「縄文海進」と呼ばれるこの時期には、①～⑤地点一帯まで牡蠣《かき》の生息する泥質干潟《でいしつひがた》が広がっていたと考えられるが、⑥や⑦地点の鍛冶橋門《かじばしもん》～数寄屋橋門《すきやばしもん》の外堀西側に沿った地域には牡蠣殻層がないので、すでに陸地化された「江戸前島」という沖積台地に立地していたと思われる。それ以外の地点は縄文海進時には海中にあったが、次第に陸地化され、②地点や④地点では古代に陸地化されたことが確認されている。また、②地点から⑤地点までは、牡蠣殻層の上に平川が運んだ砂や礫《れき》の堆積層がみられることから、この地域に神田川付け替え以前の平川が流れていたことを示している。

次に中世になると、●印の範囲を含めて陸地化されて集落や墓が営まれる。この図では日比谷入江に沿った沿岸部に中世の遺跡が広がっていたことがわかる。

一方、日比谷入江にあたる⑧地点は中世末に海辺から陸地化された範囲にあり、⑨地点の日比谷公園内では、縄文海進後の沖積層が二㍍《メートル》以上と厚く堆積しており、埋め立て直前まで入江であった。つまり、埋め立て直前の日比谷入江は、河川の堆積物などの影響で、水深一㍍《メートル》にも満たない浅瀬となり、周辺には干潟が広がっていたと想定される。さらに、後述する港区愛宕下《あたごした》遺跡では、中世以前に多量の土砂が堆積し溜池河口が塞がれていた。日比谷入江は、家康入部前後には小舟が通行できる程度のかなり幅の狭い入江であったと考えられる。

古代・中世の江戸城

古代の江戸

後の江戸城下町となる地域と中央政権との関わりは、古墳時代前期に上野と芝に前方後円墳《ぜんぽうこうえんふん》がつくられ、古代末の東海道から中世の鎌倉街道といった交通網が整備されたことに始まる。

古墳時代の武蔵地域では、北武蔵の埼玉《さきたま》古墳群（埼玉県行田市）、南武蔵の多摩川下流域にある田園調布《でんえんちょうふ》古墳群（東京都太田区）、野毛《のげ》古墳群（東京都狛江市・世田谷区）が、それぞれ一〇〇メートルを超える前方後円墳から構成されている。これらは武蔵国造《くにのみやつこ》級の首長墓であった。

江戸市街にあたる地域で目立った古墳は、芝丸山《しばまるやま》古墳（港区芝公園）と摺鉢山《すりばちやま》古墳（台東区上野公園）で、一〇〇メートル前後の前方後円墳である。両古墳は四世紀後半～五世紀半ばの古墳時代中期のものと推定され、この地域を治めた首長の墓と考えられている。その位置が古代の東海道下《しも》ツ道《みち》や中世の鎌倉街道の通過点にあることから、この地域が古くから交通網の拠点であったことをうかがわせる。

武蔵国はもともと東山道《とうさんどう》に属したが、宝亀二年（七七一）には東山道から東海道に所属替えになる。これ以降の東海道駅路は、相模川《さがみがわ》東岸を北上し、武蔵国府《こくふ》を経て東進し豊島郡衙《ぐんが》（北区西ヶ原《にしがはら》）を過ぎて石浜（台東区橋場）で隅田川（入間川《いるまがわ》）を渡り下総国府（千葉県市川市）に至るルートであった。その後、弘仁六年（八一五）の平安前期頃までに駅路が変更され、十世紀に編纂された『延喜式《えんぎしき》』によれば、東海道武蔵路は武蔵国店屋《まちや》駅（東京都町田市鶴間《つるま》）、小高《おだか》駅（神奈川県川崎市高津区の小高台）、大井駅（東京都品川区戸越《とごし》）、豊島駅（東京都北区王子《おうじ》）に至る駅路であった。その後、平安時代末には大井駅から品川を経て、高縄《たかなわ》（高輪）、霞が関付近を北上し、江戸城東岸を通って浅草に向かう、海岸線ルートが設けられたと考えられる。この道筋は中世の鎌倉街道下ツ道となる。

東京国立近代美術館遺跡（千代田区北の丸公園）からは、八世紀前半から九世紀後半にかけての住居址とともに石帯《せきたい》と呼ばれる律令期の官人層が着用する腰帯具《こしおびぐ》（銙帯具《かたいぐ》）が出土している（東京国立近代美術館遺跡調査団一九九二）。都内ではほかに、武蔵国府跡（府中市）、また足立区伊興《いこう》遺跡や葛飾《かつしか》区柴又帝釈天《しばまたたいしゃくてん》遺跡といった宗教的色彩のみられる特殊な集落や、八世紀代の練馬区貫井《ぬくい》二丁目遺跡など東海道駅路周辺にあたる遺跡から銙帯具が出土している。こうして考えると、東京国立近代美術館遺跡で出土した石帯の存在は、九世紀代にこの地域の集落形成に特殊な事情が働いたものと推定され、前述したようにこの時期に東海道が通っていたことを示唆している。

中世の江戸

江戸城は断続的にではあるが、十一世紀から十六世紀まで継続した中世城郭であった。中世前期には秩父平氏《ちちぶへいし》庶流の江戸氏が荒川水系の旧入間川流域を本拠とした。中世後期には扇谷上杉《おうぎがやつうえすぎ》氏に属した太田道灌《おおたどうかん》の居城、小田原の北条《ほうじょう》氏の支城として、利根川《とねがわ》を超えた千葉氏との境目の城となり、前述のように品川や浅草を結ぶ舟運の拠点となっていた。

中世以降、江戸に居館・城郭が置かれたのは、鎌倉街道・荒川水系・東京湾が交差する交通の要衝だったからである。ここでは江戸城を取り巻く、中世の交通網を考えてみよう。まず、鎌倉街道下ツ道の推定路は、武蔵野台地縁辺を南北に通過しており、江戸では港区と千代田区の区界である愛宕下《あたごした》を北上する。港区愛宕下遺跡の発掘調査成果（東京都埋蔵文化財センター二〇一二）によると、下ツ道の溜池河口渡河点は、中世以前にすでに愛宕山の浸食で堆積した土砂が埋まり、浅瀬となっていたことが確認された。さらにこの道は、愛宕下から北上し、霞が関、桜田門付近を通過し、江戸城竹橋あたりを抜けて大手町・浅草とつながる。霞が関は古東海道の要衝にあたり、古代には「カスミ」の関が置かれていたという（菊池一九九二）。また、江戸初期の「別本慶長江戸図《べつぽんけいちようえどず》」には外桜田門が「小田原道」の起点として描かれていることから、ここは中世以来の主要道に位置していたと考えられる。

前述の竹橋にある東京国立近代美術館遺跡は、遺構・遺物から古東海道の駅家《うまや》や中世の主要道との関連が指摘されている。竹橋を抜けて一ツ橋を北上する位置にある一ツ橋二丁目遺跡（図4②）では、溝で区画された建物址があり、その一画には幅二《メートル》の砂利が敷かれ、側溝を持つ道路状遺構が発見された（千代田区一ツ橋二丁目遺跡調査会一九九八）。これは遺跡を北上して本郷《ほんごう》台地に向かう道筋のため、「岩槻道《いわつきどう》」に該当する可能性がある。岩槻道は北区西ヶ原を経て岩渕《いわぶち》で隅田川を渡る道路で、江戸時代には日光御成道《にっこうおなりみち》となる道筋である。

一方、江戸城の西方には、明治神宮付近で鎌倉街道中ツ道《なかみち》から分岐して、赤坂御苑《あかさかぎょえん》から江戸城外堀の喰違《くいちがい》付近を通過し、貝塚村（紀尾井《きおい》町・平河《ひらかわ》町）や番町を経て、北桔橋門《きたはねばしもん》あたりから常盤橋《ときわばし》を経て下ツ道に合流する道筋があったとされる（芳賀一九八一）。

また、武蔵国を流れる河川の流域には、平安時代から秩父平氏と呼ばれる武士団が土着していた。図5に江戸時代の荒川・利根川瀬替え以前の河川流路図と街道や統治者を示し

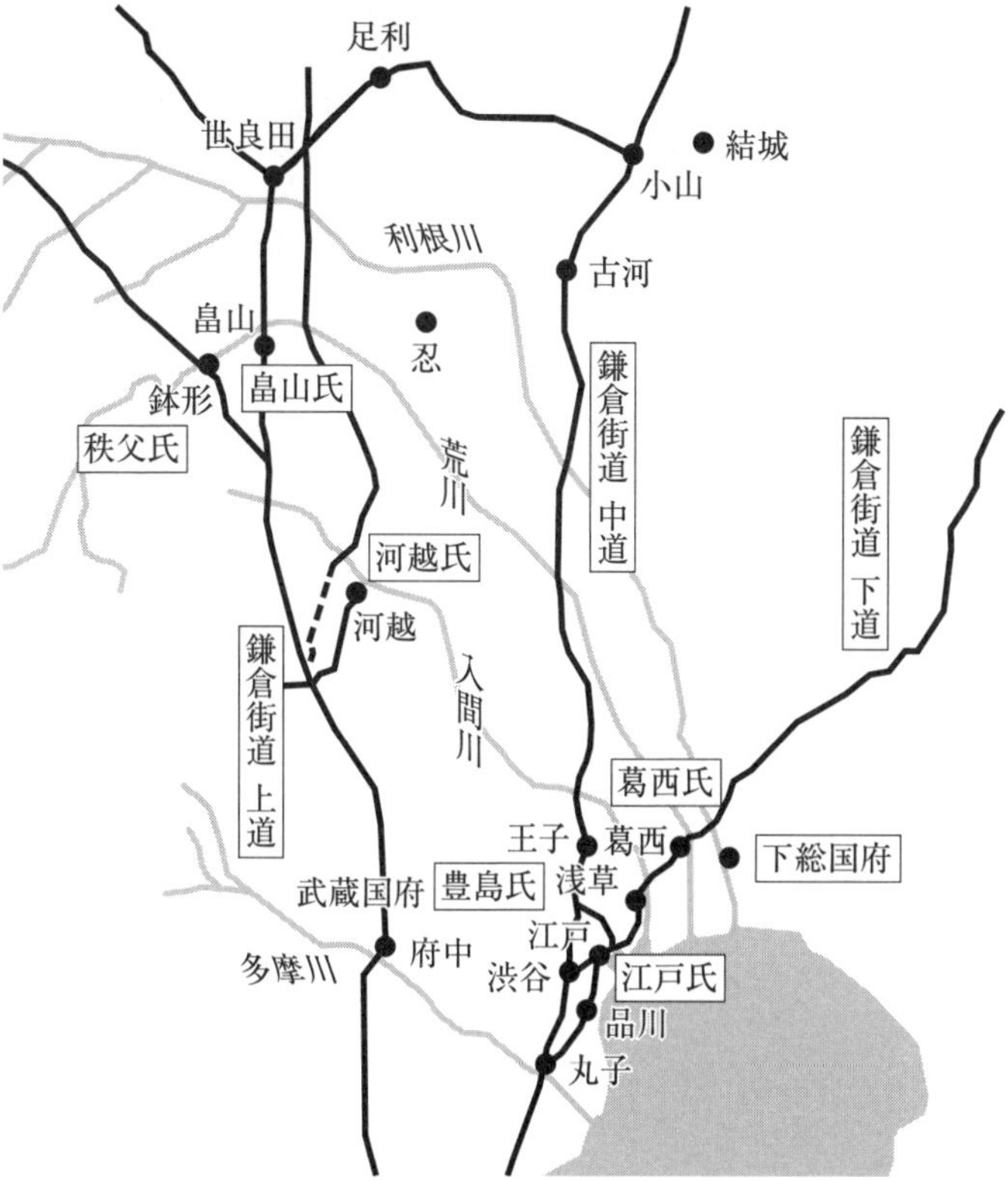

図5　河川と鎌倉道（筆者作成）

た。この図から江戸城の位置は入間川（現、隅田川）河口に位置し、さらに関東平野から流れる元荒川、古利根川、渡良瀬川《わたらせがわ》など多くの河川が流れ込む地域であったことがわかる。荒川・入間川流域には秩父を拠点とする畠山《はたけやま》氏、川越《かわごえ》に拠点を置く河越《かわごえ》氏、江戸周辺の江戸氏、豊島氏、葛西《かさい》氏などが割拠していた。このなかで入間川下流域の江戸は、「江（川）の湊」として位置づけられていた。

　この江戸の位置は、武蔵国府の外港で、伊勢・熊野と太平洋海運で結ばれた品川湊《しながわみなと》と、古代から門前町・港町として繁栄した浅草の中間に位置し、多くの河口が集中する地域であった。そして古代末の東海道、中世の鎌倉街道が通過することが、都市として発展する基盤であった。

　中世の江戸城の痕跡を示す遺跡は、それほど多くはないが、東京国立近代美術館遺跡では、古代に引き続き中世の館跡と推定される遺構や遺物が発見された。出土遺物によれば、十二世紀代と十四世紀前半に人々の活動した痕跡が確認され、その後一世紀以上の空白時期があり、十五世紀後葉となり再び遺物の出土があり、十六世紀前葉になると多くの遺構や遺物が発見されている。

　江戸氏は、『新編武蔵風土記稿《しんぺんむさしふどきこう》』によると、十一世紀前半に江戸郷ないしは江戸庄（千代田区）を形成し、現在の江戸城跡に居館を置いたとされるが、実態はよくわかっていない。江戸氏は武蔵国を領した武士で、平良文《たいらのよしふみ》を祖とする秩父平氏の一族であった。江戸重長《しげなが》は治承四年（一一八〇）、同族の豊島氏と葛西氏とともに源頼朝《みなもとのよりとも》のもとに参陣し、鎌倉幕府御家人となった。『義経記《ぎけいき》』には「板東八カ国の大福長者」と記されている。「畠山系図」によれば、重長から江戸氏を継いだ重盛のほか、木多見《きたみ》（喜多見）氏や丸子《まるこ》氏、六郷《ろくごう》氏、芝崎《しばざき》氏、飯倉《いいくら》氏、渋谷《しぶや》氏などが分かれ、江戸南方へ広がっていった。室町時代になると、江戸氏の惣領家は世田谷の喜多見氏に移り、江戸時代には旗本《はたもと》、のち大名家《だいみようけ》となった。その一方で江戸館は十四世紀には荒廃の一途を辿ったと考えられる。この江戸氏の館は、江戸城本丸付近ともいわれるが、実態はよくわかっていない。

太田道灌の江戸築城

江戸氏衰退の後、江戸を本拠としたのが扇谷上杉氏の家宰・太田道灌（資《すけ》長《なが》）である。道灌は旧入間川流域に河越城、ついで長禄元年（一四五七）に江戸城を築いたとされる。品川御殿山《ごてんやま》から江戸城に移っている。

この頃、扇谷上杉氏は、関東管領《かんとうかんれい》山内上杉氏とともに、室町幕府に従わない鎌倉公方《くぼう》との戦乱を繰り広げていた。日比谷入江最深部の大手町から出土した中世の銅鐘《どうしょう》（図6②）には「下総国南相馬《みなみそうま》郡泉《いずみ》郷柳渡《やなど》福万寺文正二年四月大檀那平胤弘《たねひろ》」と銘が刻まれている。相馬胤弘は下総守護千葉氏の庶流で、銘文にある文正二年（一四六七）のこの地域（現在の千葉県柏市柳戸）を治めた在地領主である。この銅鐘が江戸で出土したのは、段木一行氏によれば江戸に銅鐘の鋳造を依頼して運搬の途中で埋没したか、もしくは太田道灌が千葉氏からの戦利品として江戸に持ち去ったためと推定されている（段木一九八六）。

しかし、道灌は文明十八年（一四八六）に主君の上杉定正《さだまさ》に謀殺され、江戸城は扇谷上杉氏が直接支配することとなった。その後の江戸の統治は少々複雑であった。道灌の子資《すけ》康《やす》は山内上杉氏に仕えたが、定正が没すると扇谷上杉氏に復帰し上杉朝良《ともよし》に仕えた。その後、資康の子である資高《すけたか》は大永四年（一五二四）に北条氏綱《うじつな》に寝返り、扇谷上杉氏の居城江戸城を奪い返している。

万里集九《ばんりしゅうきゅう》『静勝軒銘詩並序《じょうしょうけんめいしならびにじょ》』および正宗龍統《しょうじゅうりゅうとう》『寄題江戸城静勝軒詩序』によれば、道灌の江戸城は子城《ねじょう》・中城《なかじょう》・外城《とじょう》の三つの郭からなり、断崖に橋が架けられ、二〇ヵ所の櫓《やぐら》や五ヵ所の石門があり、城の周囲には土塁《どるい》や堀が巡らされ、堀には泉脈《せんみゃく》が保たれていたとされる。中城には、静勝軒という道灌の館や家臣詰所、物見櫓《ものみやぐら》、蔵《くら》などの建物が存在したという。また、城の周囲としては、東には寂しい村里があり、それを隔てて大海が広がっている。南方には原野が広がり、その東畔には川があり、その流れは曲折して南海に注いでいるという。これ以上の具体的な姿はわからず、位置も近世の江戸城本丸跡付近に存在したと推定されているが、実態は不明である。

前述した原地形や発掘成果、文献資料をもとに中世江戸城の立地環境を推定しよう。この地域は千鳥ヶ淵《ちどりがふち》から蓮池濠《はすいけぼり》に延びる谷によって、北の丸から本丸に延びる台地と吹上から西の丸に至る台地の二つに分断されており（図6）、谷や海に面した地域は断崖に近い景観となっていたであろう。また、この谷の堆積土層により水流があったことが確認されているから、これが泉脈にあたるのであろう。断崖を城郭の境とし、東畔に川（平川）が流れ、海に面しているという記述を考慮すると、現在の北の丸〜本丸地区が中世の江戸城の範囲であったと考えられる。西を千鳥ヶ淵の谷、北東を平川、南を海で区切られた自然の要害地であった。

この頃の江戸城の遺構も残っている。東京国立近代美術館遺跡の第二号溝址という十六世紀前葉の遺構からは、箱堀《はこぼり》という断面が逆台形の堀が発見されたことから、この遺跡が中世城郭の縄張《なわばり》の一部であったと想定されている（東京国立近代美術館遺跡調査団一九九一）。発掘された遺物によると、道灌の江戸城からその後の扇谷上杉氏の支配下に置かれた時期までのものと推定される。

この箱堀は幅約一・七《メートル》で小規模であるため、城郭の主要な曲輪《くるわ》を画するような堀とは異なると考えられるが、ほぼ北東から南西方向に延びる掘であることから、舌状に延びる本丸台地の根本を区切るような役割を担っていた可能性がある。遺跡からは地下式横穴という当時の墓址がみられることから、城郭内の墓域の一角であったとも推定される。また、この時期の遺物の中には、文明十五年（一四八三）銘の板碑《いたび》をはじめとして、二次的に火を受けたものがみられたことから、十五世紀後葉に遺跡周辺の地域が罹災したと考えられ、先の変貌の激しい江戸城の一端を示している。さらに灰釉皿《かいゆうざら》や擂鉢《すりばち》、甕《かめ》といった日常什器《じゅうき》に混じって茶道具（天目碗《てんもくわん》、茶入《ちゃいれ》、茶臼《ちゃうす》、香炉《こうろ》）や文房具（硯《すずり》）、信仰用具（板碑、水晶製数珠玉《じゅずだま》）、鉄鎖《てつさ》や鉄砲玉といった武具がみられ、村落跡とは異なる多彩な遺物がみられた。これらは城郭の特徴をあらわす遺物である。

『寄題江戸城静勝軒詩序』によれば、城下には日比谷入江を望む高橋（常盤橋あたり）に諸国の船舶が集まり、米・茶・銅といった各種の物資が全国から集積するという賑わいを示していたという。日比谷入江最深部の大手町周辺から出土する板碑や銅鐘に刻まれた年号から、十四世紀中ごろから十五世紀後半までの室町時代後半に最盛期があり、太田道灌の支配した時期を中心として村落が栄えていたことを示している。

小田原北条氏の江戸城

太田資高が扇谷上杉氏から奪取し、北条氏の支城となった江戸城には、本城に富永直勝《とみながなおかつ》、二の丸には遠山直景《とおやまなおかげ》、香月亭《こうげつてい》には資高が配置された。北条氏康《うじやす》が作成させた『小田原衆所領役帳』（天文二十一年〈一五五二〉～永禄二年〈一五五九〉成立）によると、江戸城周辺の家中は「江戸衆《えどしゅう》」に属していた。その領域は東が牛島（墨田区）、南が六郷（大田区）、西が石神井《しゃくじい》（練馬区）、北が岩淵（北区）を境としており、おおむね多摩川と荒川に区切られた、後の江戸御府内と呼ばれた地域とは比べものにならない大領域であった。天正初期に北条氏一門が江戸城に入り、天正十一年（一五八三）には北条氏政《うじまさ》が「御隠居様《ごいんきよさま》」として領域支配を行っていることからも、江戸は北条氏の政治的拠点として重視されていた（黒田基樹一九九五）。

江戸城は鎌倉街道下ツ道の要衝であるとともに、多くの河川や品川湊を利用した水陸交通路網が整った地域の拠点であった。そのため、関東内陸部から古利根川・元荒川、入間川などの河川を経て品川・鎌倉、さらには外洋に向かうための交通路の掌握のために、江戸城が重要な役割を果たしたと考えられている。千代田区内の中世遺跡では、伊勢地方など東海系の土製羽釜《はがま》が出土しており、品川湊を介したこれらの地域との交易がうかがえる。

江戸城下東方に位置する遺跡は、旧平川流域や江戸前島と推定される地域に分布している。このうち、江戸前島の地域は、前島西岸や皇居内でも日比谷入江に面した地域に集中して、日比谷入江を取り囲むような分布を示している（図6）。これらの地域は、江戸城内の局沢《つぼねざわ》（千鳥ヶ淵から乾濠・蓮池濠に至る谷）沿いや、平川流域の下平川《しもひらかわ》村から前高森《まえじまもり》木《き》村にかけての地域と推定される。

東京駅八重洲《やえす》北口遺跡（図6③）は、入江最深部で江戸前島の付け根あたりに立地する。中世には太田道灌時代の「高橋」あるいは「大橋」に比定される常盤橋に近く、奥州《おうしゅう》へ

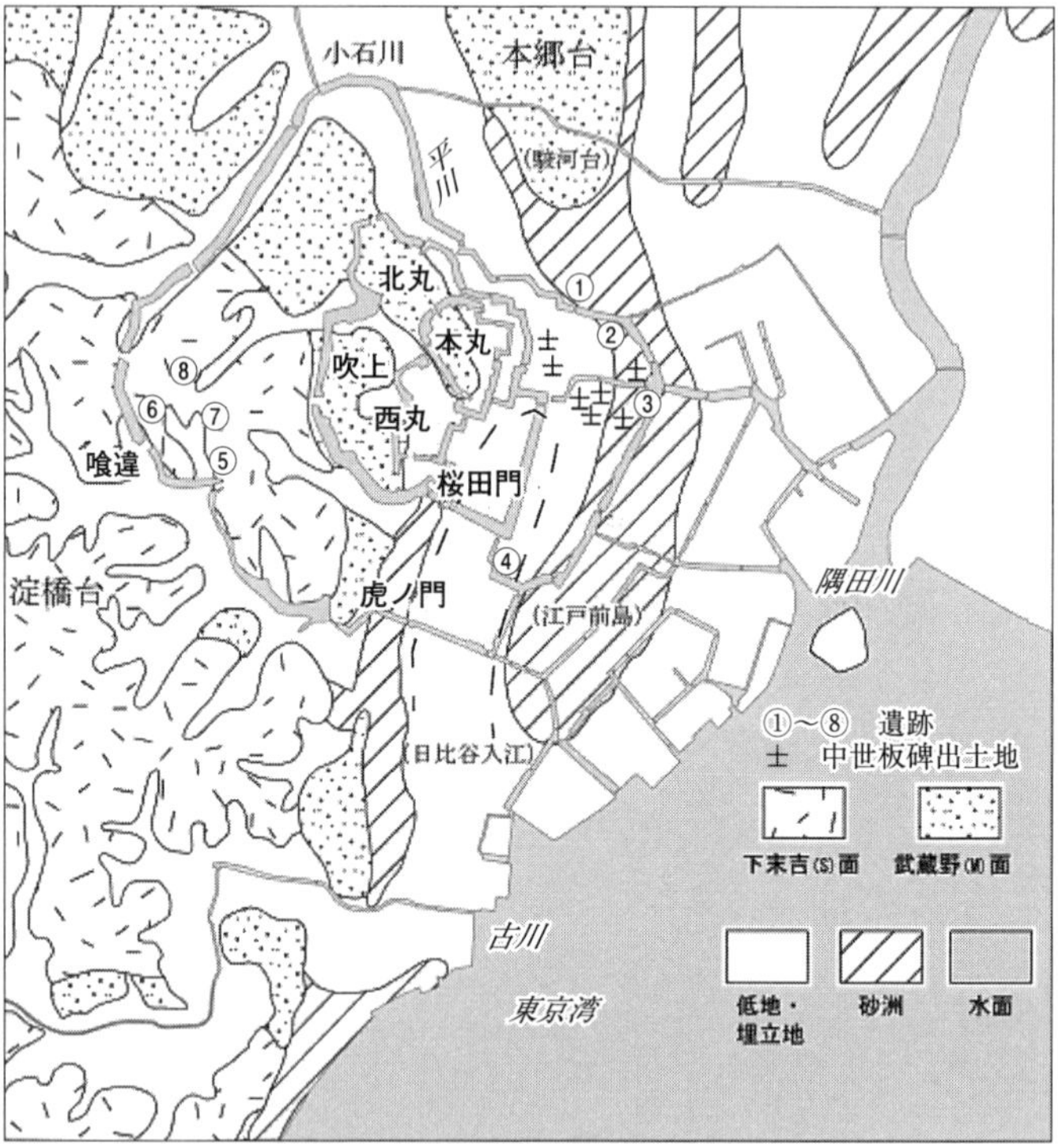

図６　中世の遺跡分布（国土地理院土地条件図をもとに作成）

①一ツ橋二丁目遺跡，②中世銅鐘，③東京駅八重洲北口遺跡，④有楽町二丁目遺跡，⑤平河町，⑥尾張藩麹町邸，⑦紀尾井町遺跡，⑧二番町遺跡

向けての街道や、江戸湾を利用した舟運を考えあわせると、この遺跡は当地が家康入部以前から江戸城下の要衝の地であったことを示している。また、十六世紀末頃の溝で区画された中に建物跡や一〇基の墓跡が発見された。子供が埋葬された墓跡には「無原罪の聖母子像」が刻まれた青銅製のメダイと大小の数珠の珠を連ねたロザリオが副葬されていた。そのほかにも木棺に十字を墨書された墓址も発見されている（千代田区東京駅八重洲北口遺跡調査会二〇〇三）。キリシタン道具が出土したことは、北条氏もしくは家康入部直後の江戸城下にキリシタンが住んでいたことを示している。

一方、『小田原衆所領役帳』など史料によると、江戸城西方では、武蔵府中につながる国府路に該当すると考えられる「国府方《こうかた》」や「一木《ひとつぎ》貝塚」、さらに「桜田」や「日比谷」といった溜池の谷あいにも村があったことが知られる。この地域には平河町《ひらかわちょう》遺跡（図6⑤）や尾張藩麹町邸《おわりはんこうじまちてい》跡（図6⑥）、二番町《にばんちょう》遺跡（図6⑧）で墓跡が確認されている。

中世の江戸城を取り巻く地域は、「平川あたりから大手町辺りを中心として、街道を挟みて道三堀・常盤橋辺りに延び、一面は国府方即ち麹町辺りにも多少民家有りたり」（東京市役所一九九四）とされる。

このように家康入部以前、すでに平川や溜池内の川など、千代田区域内でも大きな河川沿いや江戸前島、国府方といった交通の要衝地に村々が点在していたと考えられるのである。

徳川家康の城づくり

徳川家康関東移封への過程

ここでは家康《いえやす》の関東移封《いほう》以前の徳川《とくがわ》家の城と移封直後の江戸城を確認していこう。永禄三年（一五六〇）、松平元康《まつだいらもとやす》と名乗っていた家康は、桶狭間《おけはざま》の戦いで主家今川義元《いまがわよしもと》が戦死すると、居城岡崎《おかざき》城に帰還して独立を果たす。そして永禄六年に織田信長《おだのぶなが》と同盟を結び、「家康」に改名している。さらに永禄十年には三河守《みかわのかみ》に任官され、「徳川」と改姓した。

岡崎時代の家康

岡崎城は岡崎平野に位置し、愛宕《あたご》丘陵から延びる台地の南西端にあたり、城の周囲を流れる河川や人工的な堀割《ほりわり》によって区画された土造りの城であったと考えられている。『龍城古伝記』には「永禄年中神君様御縄張ニテ御築直」とあり、元康が城の改修を行ったという記録はあるが、この時の岡崎城の姿は不明である。家康は、浜松に居城を移すまでの一〇年間をこの城で過ごし、三河統一を果たした（加藤二〇一一）。

浜松城時代から駿府築城まで

その後、家康は東隣の遠江国《とおとうみのくに》をほぼ制圧し、武田信玄《たけだしんげん》の侵攻に備えて元亀元年（一五七〇）に浜松城に拠点を移した。浜松城は馬込川《まごめがわ》を自然の堀として北側には断崖、東から南にかけては低湿地が広がる要害の地に築かれた。加藤理文氏によると、この時の浜松城は、幅広の堀で囲まれ、主要曲輪《くるわ》には土塁《どるい》が築かれている可能性が高いとされている。天正三年（一五七五）に遠江と駿河《するが》の国境にあった武田家の諏訪原《すわばら》城を接収し、二の曲輪や外堀《そとぼり》を築いて城を拡張するとともに、その出口には武田家築城の特徴である「丸馬出《まるうまだし》」を築くなど、家康は武田家の技術を取り入れ、徳川家の築城技術は急激に進歩した。後述の慶長十一年（一六〇六）築城の江戸城本丸に設けられた馬出も家康が天下人に至る戦乱で習得した技術のひとつであったといえよう。

従来、この段階の徳川の城は石垣《いしがき》を築いていなかったとされるが、『当代記』の浜松城の項には、「惣廻り石垣　其上、長屋立テラレル」とあり、近年の研究で浜松城富士見櫓《ふじみやぐら》下石垣などが築造されていた可能性が指摘されている（北垣二〇二二）。浜松城では天正六年から十年（一五七八～八二）にかけて継続的に修築工事が行われていることから、これらの時期に城の一部に石垣が取り入れられた可能性はある。

天正十年、織田家の武田攻めに従った家康は駿河一国を与えられ、さらに本能寺《ほんのうじ》の変が起こると、甲斐《かい》・信濃《しなの》へと進出して、五ヵ国を領有する大大名となった。羽柴秀吉《はしばひでよし》が台頭すると、家康は織田信雄《のぶかつ》・北条氏直《ほうじょううじなお》と同盟して秀吉包囲網を築き、天正十二年には信雄とともに小牧《こまき》・長久手《ながくて》で秀吉と一戦を交える。翌十三年、家康は新たな居城として駿府への築城に着手した。これは対秀吉を想定した動きで、有事に備え北条氏との連携強化のためであったと考えられてきた。

しかし、天正十四年には家康が上洛し、秀吉に臣従することとなると、駿府城《すんぷじょう》には天正十六年に大天守台《だいてんしゅだい》、翌天正十七年に小天守が新たに築かれている。『家忠日記《いえただにっき》』の天正十七年二月二日条に「石かけ普請まいり候」とあり、石垣への志向が見受けられる。二〇一六年に開始された天守台の発掘調査によって、慶長十五年築造の現天守台の内部から、それよりも古い時代の巨石を用いた天守台石垣が発見された。この石垣は野面積《のづらづ》みで隅角部《ぐうかくぶ》が未発達な算木積《さんぎづ》み（図2）であり、天正年間末から文禄年間（一五八〇～九〇年代）の石垣の特徴を備えていた。

このことから、新たに発見された巨大な天守台は、天正十六、十七年に築かれた家康時代の石垣と考えられている。また、天守台の横から豊臣《とよとみ》秀吉の城郭に特徴的な金箔瓦《きんぱくがわら》も出土している。これらのことから、豊臣政権の影響下に家康が駿府城に金箔瓦を備えた豊臣の城を築いたものと考えられる。

天正十四年に秀吉が関東・奥羽《おうう》地方に惣無事《そうぶじ》を命じて以来、家康はその執行を命じられ、北条家との交渉の中心的役割を担っていた。天正十六年五月、家康は氏政・氏直を説得し、その結果氏政の弟である北条氏規《うじのり》が上洛した。しかし、その後、氏政父子は上洛せず、真《さな》田《だ》領に侵攻したため、天正十八年の春、秀吉は北条氏討伐を決め、三月に家康は三万の軍勢を動員して先陣を務めた。七月五日、北条氏は降伏し氏政は切腹、氏直は高野山蟄居《こうやさんちっきょ》が命じられた。北条氏嫡流は絶えたが、氏規の子孫が河内狭山《かわちさやま》藩主家として存続する。

このように関東移封を命じられる以前の徳川家康の城は、中世以来の土造りの城であったとされてきた。しかし、近年の城郭研究では、武田家の守りの固い土の城の技術や、織田信長・豊臣秀吉による城造りの最新技術を取り入れていったことが明らかとなってきた。特に豊臣政権に組み込まれた頃から石垣で固めた築城術の必要性を本格的に認識していくのである。

徳川家康入部当時の江戸城下

家康の江戸入城

天正十八年（一五九〇）、江戸落城後の五月二十七日、家康は秀吉から関東移封を約束され、小田原攻略中の六月二十八日には江戸を居城とすることが決定した。北条氏の降伏により、七月十三日に徳川家の関東移封が公表され、豊臣政権の東国支配の拠点として位置づけられた。同時に秀吉の関与によって井伊直政《いいなおまさ》の上野国箕輪城《こうずけのくにみのわ》、本多忠勝《ほんだただかつ》の上総国大多喜城《かずさのくにおおたき》、榊原康政《さかきばらやすまさ》の上野国館林《たてばやし》城など、徳川家有力家臣の配置が進められた（柴二〇一七）（川田一九六二）。その背景には房総半島南部の里見《さとみ》氏や常陸《ひたち》の佐竹《さたけ》氏、上野国の真田氏などへの備えがあったものと考えられ、その中枢が江戸城であった。

その後、天正十八年の暮れから翌年に葛西《かさい》・大崎の一揆などが勃発し、関東移封直後も臨戦態勢が継続されていた。こうした事態を反映して秀吉から「関東見廻《みまわり》」が派遣されており、鎮静化した天正十九年正月十九日に家康は、彼らを大坂に差返すにあたり通行手形の発給を豊臣奉行衆に依頼した。その史料が徳川宗家に残されている（江戸東京博物館二〇〇三）。家康の関東移封は、秀吉による関東やそれ以東の平和維持を図るだけでなく、家康家臣団を秀吉政権に取り込むことをも目的としたのではないだろうか。

こうして家康は駿河・遠江・三河・甲斐・信濃の一五〇万石の領地から、北条氏の旧領である武蔵・伊豆・相模《さがみ》・上野・下野《しもつけ》・上総、下総および常陸の一部の二五〇万石を与えられて関東移封となり、江戸を本拠とした。その拠点を北条氏の小田原でもなく、源頼朝《みなもとのよりとも》の鎌倉でもなく、北条氏の支城であった江戸としたのは、前述のように舟運や道路網といった交通網が中世以来整備されており、これにより関東平野を掌握し、近世的な城下町を建設していくうえで重要な地域であるという判断があったものと思われる。

ここでは、家康の関東初入部である八朔《はっさく》（八月一日）の「江戸御打入《おんうちい》り」を中世以来の道路網や江戸城周辺の地形との関係で紐解いてみたい。『徳川家康公伝』によると家康は、秀吉の奥州進発に先立って小田原を出発し、秀吉が桜田付近で北条家重臣の大道寺政繁《だいどうじまさしげ》の自刃を見届けたのを待って、これを江戸城平川門前の法恩寺《ほうおんじ》で迎えた。その後、家康は引き返して八朔に江戸城に入城したという。江戸城入城の具体的な道程は不明瞭であるが、徳川家創業の事績を伝えるため江戸幕府により編纂された『朝野旧聞裒藁《ちょうやきゅうぶんほうこう》』によると、「東海道を通り多摩川を渡河し品川に至る」とあり、鈴木理生氏は『江戸と城下町』のなかで「鎌倉—府中（武蔵国府）—江戸」という道程を想定している。また、内藤清成の『校訂天正日記《こうていてんしょうにっき》』には「八月朔日いちは（橘樹郡《たちばなぐん》市場）。小むかい（同郡小向《こむかい》）にて忠右衛門いろいろ書付出す。八半時貝塚へ御着、（中略）七時過御入城」とある。伊東多三郎によると、この史料は『御府内備考《ごふないびこう》』が編纂された後に諸書の記事を集めて作成した偽書と評されている（伊東多三郎一九六四）。一方で、この史料にある地名が『小田原衆所領役帳』と整合しており（水江一九九二）、また天正十八年六月の項が追記であることからすべてが偽書ではないとの評価もある（蓮沼二〇一八）。これを踏まえつつ、同時代史料が極めて少ないなかで論を進めたい。

家康は武蔵国府《むさしこくふ》のあった府中を経て江戸城へ入ったと考えられており、そのルートとして次の二つを考えたい（図7）。ひとつは、品川道《しながわどう》と呼ばれる多摩川左岸沿いに国府と品川湊《みなと》を結ぶ道を東へ進み、多摩川下流の武蔵国橘樹郡市場・小向（現在の神奈川県幸区）あたりから北上して、品川から鎌倉街道下《しも》ツ道《みち》を通過する道筋である（村上一九九五）。品川からは高輪台《たかなわだい》・愛宕下を経て、溜池《ためいけ》河口を通り虎ノ門、霞《かすみ》が関《せき》を経て外桜田門から入城するルートである。この頃の江戸城を描いた「別本慶長江戸図《べっぽんけいちょうえどず》」では外桜田門は「小

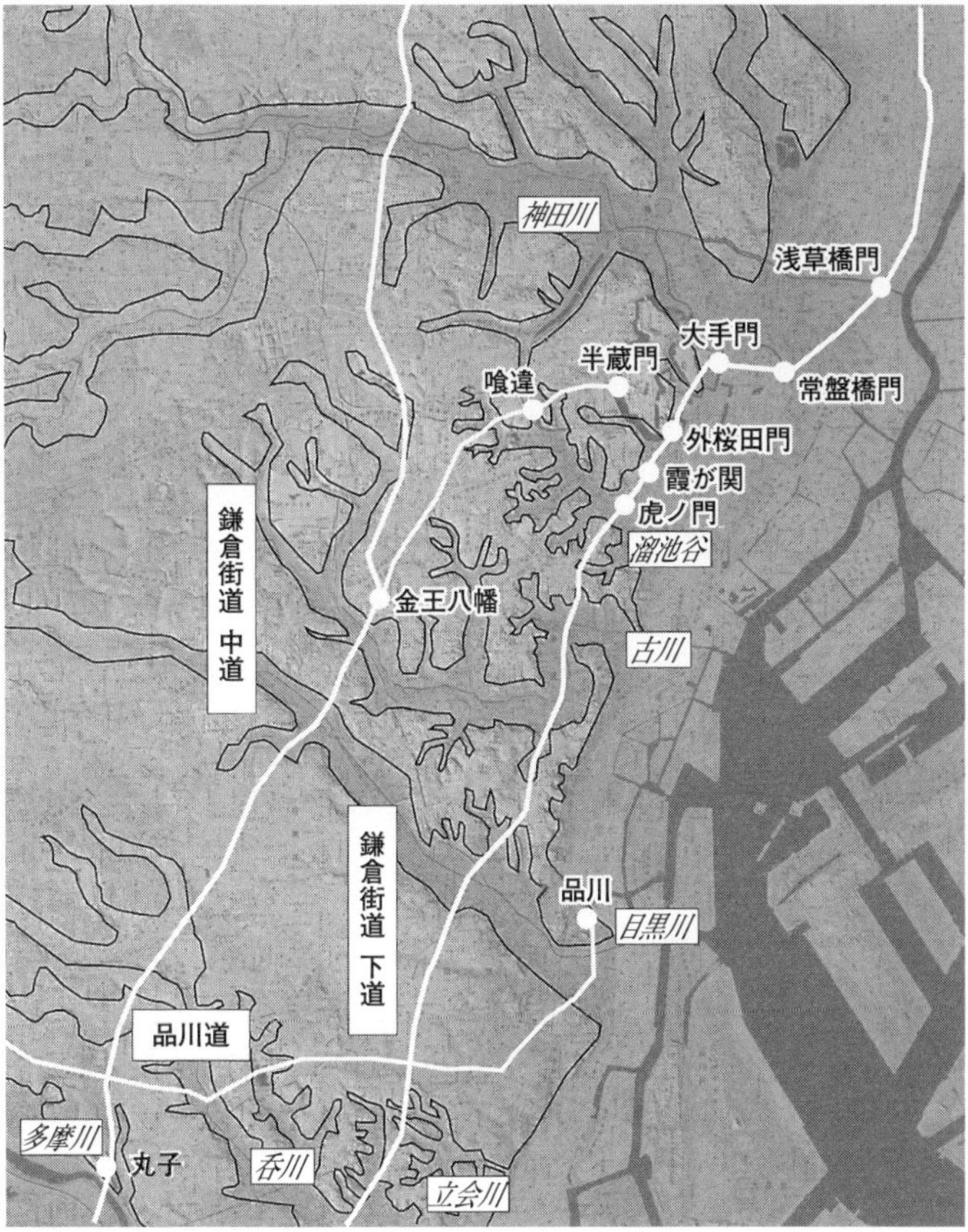

図７　家康入城ルートの想定図
（国土地理院デジタル標高地形図「東京都区部」を基図として，芳賀1981を参考に筆者作成）

田原口」と記されており、この小田原道は、日比谷入江埋め立て・日本橋架橋以前の主要道で、中世の鎌倉街道下ツ道を起源とし、のちには東海道の脇街道として中原街道《なかはらかいどう》となる。しかし、この道筋は湾岸を通過し、いくつも川幅の広い河口を渡るため、大軍が通過するには困難を伴ったものと考えられる。

もう一つは鎌倉街道中ツ道《なかみち》を通るルートである。『校註天正日記』にある「貝塚」は、四谷の南側の高台あたり、現在の千代田区紀尾井町から平河町付近に該当し、小宮山綏介《こみやまやすすけ》による註釈には「当時の小田原路ハ四谷ヨリ青山、渋谷、目黒を経て、矢口或いは六郷ニ抵《あた》リ、此ヨリ東海道ニ出シニヤ」とある。多摩川端の矢口もしくは丸子（大田区）から鎌倉街道中ツ道を北上して、目黒から渋谷の金王八幡《こんのうはちまん》を経て、中ツ道と鎌倉街道下ツ道を結ぶ道を経由し、青山を経て貝塚に至るものである（図7）。貝塚と考えられる地域の一角には慶長年間にいち早く江戸城外郭門《がいかくもん》として整備された喰違見附《くいちがいみつけ》があり、この地域は増上寺《ぞうじょうじ》の旧地であるほか、外堀ができる寛永年間まで多くの寺院があったことが知られる。この道筋は主に尾根伝いに進むものであり、大軍を率いる道筋としては有力である。そのため、喰違は他の外郭門に先立ち慶長十七年（一六一二）に城門としての縄張《なわばり》がなされたのであろう。

家康江戸入部の道筋に関して『校註天正日記』に興味深い表現がある。天正十八年七月十三日に家康から内藤清成《ないとうきよなり》と青山忠成《あおやまただなり》（ひたち様）に先鋒の命令が下された。同月二十一日には多摩川六郷に至り、内藤家は西方から江戸へ入ったとあり、その道筋が貝塚より桜田へまわると記されている。先の喰違あたりから外桜田門あたりであろうか。一方、青山家の道筋は不明であるが、東方と考えると鎌倉街道下ツ道に該当するのではないだろうか。このように家康江戸入部の道筋は、複数あった可能性も考えなくてはならないだろう。

　家康の江戸入部の道筋を検討した理由は、当時の江戸を取り巻く道路網を捉え、天下普請以前の江戸城築城を考える意味で重要な課題と考えたからである。外桜田門と喰違の縄張は、天正期や慶長期の江戸城や城下整備にとって重要な場所になっていたのである。

「別本慶長江戸図」にみる家康入部当初の江戸城と城下

　都立中央図書館所蔵の通称「別本慶長江戸図」（図9）は、家康の江戸城を描いた最古の図となる。この図は、見取り図あるいは心覚え図などと指摘されている。地図左隅の奥書《おくがき》には江戸の年代考証を慶長七年頃とし、弘化二年（一八四五）の写図であることが記されている。後に吹上《ふきあげ》となる地域には慶長五年に尾張国《おわりのくに》を与えられた松平忠吉《まつだいらただよし》邸として「尾張持分」とあるが、この屋敷の南側に付家老《つけがろう》である「竹こし（腰）持分」とある。竹腰正《たけこしまさ》信《のぶ》が尾張藩主徳川忠直《ただなお》の付家老になるのが慶長十二年であるため、時期的な齟齬《そご》は否めないものの、この絵図は慶長八年の天下普請以前の日比谷入江埋め立て前の姿を伝える貴重な資料である。

この図は、江戸城の堀内を中心として大手町から丸の内の範囲を描いており、ほぼ慶長十三年の「慶長江戸図」の構図とほぼ同じ地域を描いている。

まず、江戸城は「御城地《おしろち》」と書かれ、中央に本丸《ほんまる》、二の丸（後の三の丸）があり、西の丸には南端の「御仮殿《おかりでん》」のほか「紅葉山《もみじやま》」があり、東の大手門《おおてもん》の位置に「御城入口御門」、平川門《ひらかわもん》に「平河ト云フ所」、北桔橋門《きたはねばし》には「御代官門《おだいかんもん》」、本丸南端の埋門《うずみもん》には「山の御門」とある。この図では江戸城のなかでも高台に位置する西の丸に仮となる御殿が置かれ、本丸や二の丸（後の三の丸）、北の丸、吹上、西の丸下といった曲輪が堀で囲われていることが確認できる。

次に城外に目を移すと、図の下方にある後の大名小路《だいみょうこうじ》（丸の内）の南端には「此の辺り汐《しお》」とあり、日比谷入江が描かれ、その周囲には肴屋《さかなや》や佃屋《つくだや》が確認できる。『落穂集《おちぼしゅう》』には馬場先門《ばばさきもん》あたりの八代洲《やよす》（八重洲《やえす》）河原岸には漁師達の家があり、家康入部翌年に長雨と大風が吹き高汐となり、漁師町は水につかり、大木に船を繋いだとある。さらに最奥部の和田倉門《わだくらもん》あたりには「壱《いち》の蔵地《くらち》」、入江周辺には「舟の御役所」「荷物あげば」とあり、完成した道三堀《どうさんぼり》もみられることから、幕府の舟運拠点を江戸城直下に置いていたことがわかる。また、清水門《しみずもん》あたりから神田橋門《かんだばしもん》、常盤橋門《ときわばしもん》を経て日本橋方面へ延びる堀が描かれ、後の外堀となる水路が描かれている。「舟の御役所」前の日比谷入江内には、柵《さく》を描いたと思われる場所に「そうじの竹がき、水の中へ一丈出る。水野殿御あつかい也。中の年出来る」とある。『慶長見聞集』には江戸河口の州崎《すざき》（日比谷入江）は舟の通過ができないため、天正十九年に澪標《みおつくし》を立てたという記録がある。「そうじの竹がき」ではなく「榜示《ぼうじ》の竹垣」とすると、この柵は航路を確保するための澪標だった可能性がある。これらの記録は、前述した日比谷入江の水深がかなり浅かったという遺跡調査成果を裏付けるものである。

さらに同図には江戸城城門である外桜田門は小田原口、半蔵門は甲州道《こうしゅうどう》、田安門には上州道《じょうしゅうどう》、神田橋門には芝崎口、常盤橋門には浅草口とあり、各城門が街道の起点になっていたことがわかる。天正期に行われた江戸町割では、豊臣政権期の城下町プランに多い「タテ町《まち》」と呼ばれる構成がとられた。縦町とは大手門に向かう大手筋が主要街道となるもの（中西二〇〇三）で、江戸城の場合は大手門を起点として常盤橋門から本町《ほんちょう》通りを経て浅草に至る大手筋に沿って町地が置かれ、江戸城を中心として舟運と街道の交通網の整備を図っていたのである。その後、慶長八年に日比谷入江埋め立てと日本橋架橋が行われ、五街道が整備されると、大手道と交差する通町筋《とおりちょうすじ》と呼ばれる街道に沿った「ヨコ町《まち》」と呼ばれる町割《まちわり》が行われる。このように江戸開幕前の城を中心とした城下経営から、慶長期

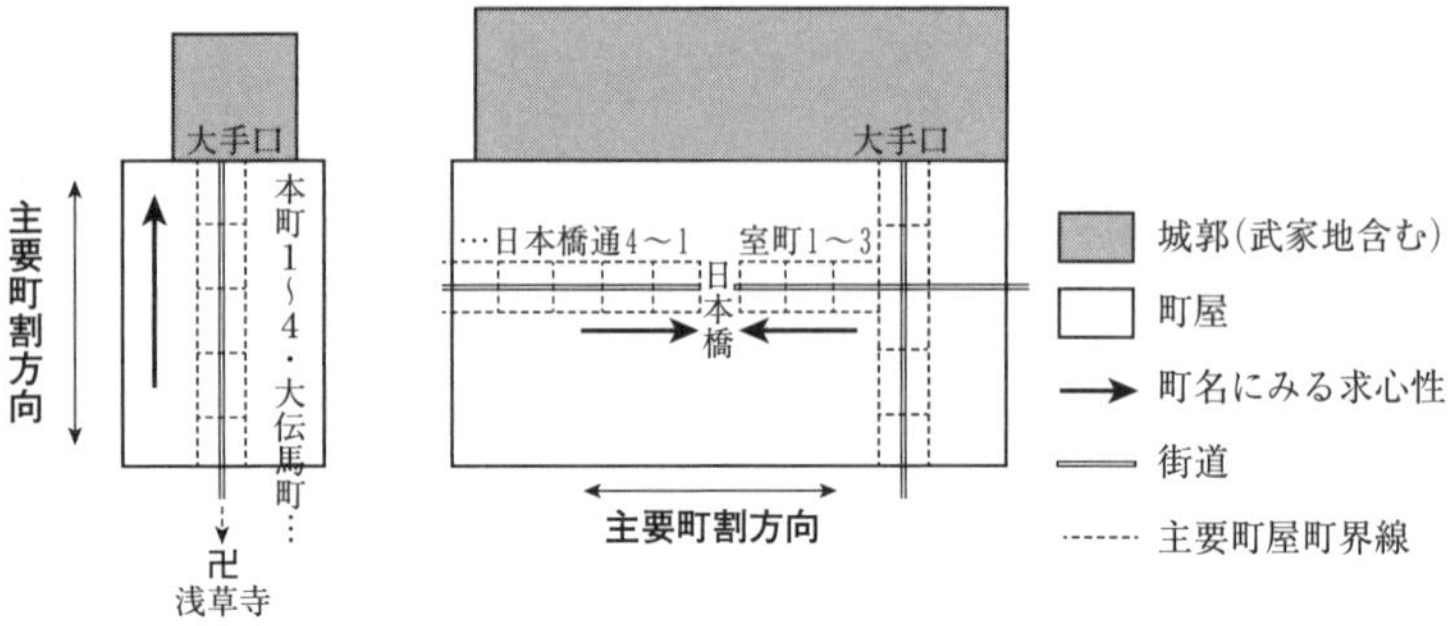

天正期江戸　タテ町型
大手通(浅草往還)中心

慶長期江戸　ヨコ町型
日本橋通(東海道・中山道)中心

図8　江戸における町割変化のモデル（中西2003より作成）

の天下普請以降、街道を中心としたまちづくりに変更されていくこととなる。

次に家康入部当時の江戸城の様子を伝える『落穂集』を見てみよう。同書は兵学者大道寺友山《だいどうじゆうざん》が享保期に作成した書物で同時代のものではないものの、『落穂集』全一六巻は徳川家康出生から豊臣家の滅亡の大坂夏の陣までの事柄が書かれ、『落穂集追加』全一〇巻は江戸時代初期の間の幕臣や制度、社会についての挿話を収めている。このうち、江戸城に関することは、一巻と二巻に収録されており、太《おお》田道灌《たどうかん》以来の築城や城の様子、家康の入城間もない江戸城や城下に関することも収録されている。

一巻冒頭「御当地御城始之事」、「御城内鎮守之事」では家康入部当時、江戸城主（城代）遠山景政《とおやまかげまさ》（政景《まさかげ》）の居宅がそのまま残っており、長い籠城《ろうじょう》の後放置されていたという。「西御丸之事」では入城

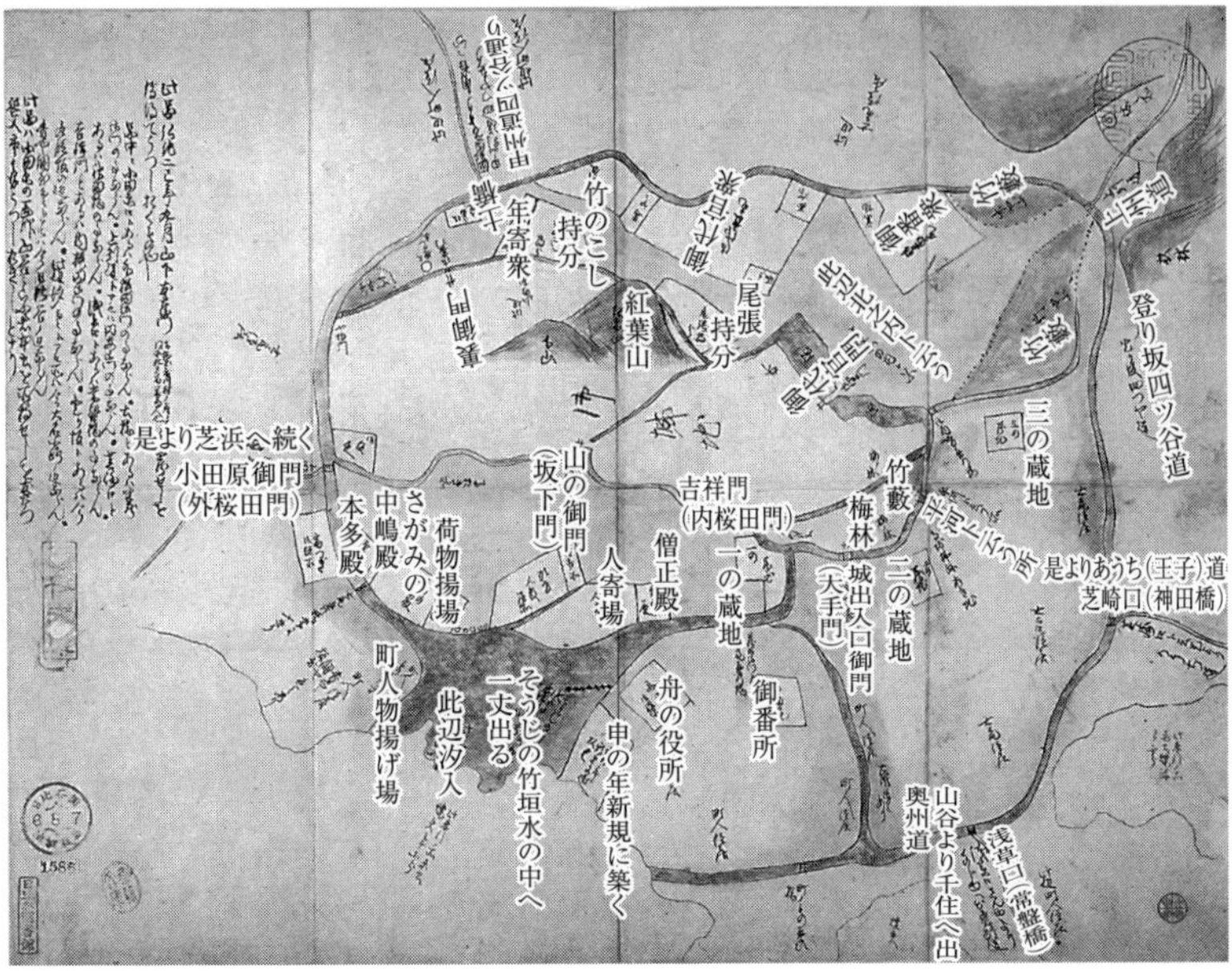

図９　「別本慶長江戸図」(『東京誌料』東京都立中央図書館所蔵，加筆)

当時の江戸城には石垣がなかったと記され、芝を生やした土居で城を守り、土手の上には竹木が繁っていたが、文禄元年（一五九二）から西の丸の創築工事が開始され石垣づくりの堀が翌年に完成したという。

これまで示した天下普請以前の絵図や史料では、天守をはじめ江戸城内の建物の詳細を知ることができない。関東移封前の駿府城に天守が聳《そび》え、移封に際して秀吉が関与して江戸城に定められたと記してきた。この頃の徳川家は豊臣政権に組み込まれ、江戸城が秀吉の東国経営の最前線にありながら、慶長十一年以前の江戸城天守らしき建物の記録を見つけることができなかった。この点は識者の高教を待ちたい。

天正年間の徳川家の城

天下普請以前の江戸城の具体的な姿を推し量ることが難しい。そこで、家康関東移封直後に修築された箕輪城（群馬県高崎市）を紹介する。この城は戦国期に長野氏により築かれ、武田氏の上野国経営の拠点とされ、その後は織田・北条・上杉の国境に位置する重要な防衛拠点となった。天正十八年、家康の関東移封に伴い、重臣井伊直政が箕輪領に一二万石を与えられた。直政は一門を除けば徳川家中で最高の官職、知行高を得ており、さらに秀吉の指示のもとこの城を任されていることから、この城の重要性を知ることができる。

彼は箕輪城を中世城郭から近世城郭へと改造したが、慶長三年に高崎に居城を移したため廃城となった。徳川家の城としては家康入部からわずか八年間で廃城となったことから、天下普請以前の江戸城の築城術を考える意味では格好の材料である。

国史跡に指定された箕輪城跡は、これまで史跡整備に伴い発掘調査が行われ、多大な成果を得ている。この城は段丘の先端に位置し、これを活用した幅二〇〜三〇メートル、深さ七〜八メートルに及ぶ巨大な空堀によって尾根筋が遮断され、曲輪が区画されている。本丸や二の丸といった中枢部には石垣を築いていたことが確認されており、これは天正から文禄年間の十六世紀末に特徴的な野面積みで、大手と思われる主要部には高さ四メートルを超える石垣が発見されている。また、各所で規模の大きな門跡が発見され、なかでも特筆すべきは南側の馬出で櫓門《やぐらもん》とみられる礎石《そせき》が確認されていることである。

この城は基本的に横堀《よこぼり》や堀切《ほりきり》で構成される防御空間であり、中枢部前面に設けられた馬出などを見ても、それまでの家康の土造りを基本とした城であることがわかる。一方で、枢要部に石垣を築き、巨大な門を持つという先進性もみられ、こうした箕輪城のあり方は、天正年間の江戸城の姿を映し出しているであろう。

天下普請による江戸城築城

江戸城の地形と天下普請

天下人の江戸城への道程

慶長三年（一五九八）に豊臣秀吉が亡くなると、石田三成《いしだみつなり》など五奉行を中心とする文治派《ぶんちは》と加藤清正《かとうきよまさ》・福島正則《ふくしままさのり》らの武断派《ぶだんは》の対立が激化していった。このなかで家康は福島正則や黒田長政《くろだながまさ》、蜂須賀家政《はちすかいえまさ》ら武断派と無断で婚姻関係を結んだ。この行為は毛利輝元《もうりてるもと》、上杉景勝《うえすぎかげかつ》、宇喜多秀家《うきたひでいえ》、前田利家《まえだとしいえ》ら四大老から弾劾《だんがい》され、家康が起請文《きしょうもん》を書くことで一応の解決がついた。

しかし、慶長四年に前田利家が亡くなると、直後に加藤清正、福島正則ら七将が石田三成邸を襲撃する事件が勃発した。この仲裁に乗り出したのが家康であった。石田三成は隠居し、家康は豊臣秀頼《ひでより》の名代となり、豊臣政権を掌握することとなった。

その結果、家康と四大老との軋轢《あつれき》が生じることとなった。前田利長は加賀征伐の風聞を受け（笠谷二〇〇七）徳川家への恭順《きょうじゅん》を示すため、母芳春院《ほうしゅんいん》を江戸へ送って証人とした。前田家が徳川家に従った一方で、上杉景勝との関係は悪化していた。景勝は新城を築きはじめ、上洛も拒否したため、家康は三奉行の反対を押し切って、慶長五年六月十六日に大坂城を発し、五万人を超える軍勢で上杉討伐に出陣した。

この機に乗じて奉行衆は家康が犯した違背を綴った「内府ちがひの条々」を諸大名に発した。七月十九日には毛利輝元が大坂城に入城し、石田三成は宇喜多秀家・大谷吉継《おおたによしつぐ》・島津義弘《しまづよしひろ》らとともに挙兵した。家康は会津攻めを中断させ、先に西進して岐阜《ぎふ》城を落城させた福島正則、池田輝政《いけだてるまさ》、浅野幸長《あさのゆきなが》、黒田長政、藤堂高虎《とうどうたかとら》、細川忠興《ほそかわただおき》、加藤嘉明《よしあき》ら諸将と合流した。九月十五日、関ヶ原の戦いが勃発し、小早川秀秋《こばやかわひであき》の裏切りなどによって西軍は崩壊、豊臣恩顧の大名の活躍によって徳川方が勝利を収めた。

関ヶ原の戦いで勝利した徳川家康は、西軍の領地を没収もしくは転封させるとともに、東軍に味方した豊臣恩顧の大名は加増のうえ中国・四国といった遠国に配置換えをさせ、徳川一門や譜代は関東から東海、畿内の重要な地域に配置させていった（図35）。この慶長期の諸大名配置換えは、全国規模の城や城下町の建築ラッシュを生んだ。

徳川家康は、慶長五年の関ヶ原の戦いの翌年に滋賀県大津市の琵琶湖畔《びわこはん》に膳所《ぜぜ》城を築く。これは家康が行った初の天下普請《てんかふしん》であり、続いて同年に二条《にじょう》城や伏見《ふしみ》城といった京における徳川家の居城を築いた。さらには西国に配属した豊臣恩顧の大名に対する押さえの城を各地に築いていった。慶長六年頃から同十五年頃にかけて築城された城は、東海道沿いの駿府《すんぷ》城や名古屋《なごや》城、東山道の加納《かのう》城や彦根《ひこね》城、北国街道の福井《ふくい》城といった街道を押さえる目的であった。

江戸城築城に功を挙げた藤堂高虎は、慶長七年から同九年にかけて、瀬戸内海水運を掌握する目的で伊予今治《いよいまばり》城を築城し、慶長十六年には伊賀上野《いがうえの》城を築いた。これは徳川家が警戒する西国大名と豊臣秀頼のいる大坂城の間に楔《くさび》を打つ役割があった。また、家康の縁戚関係にあった池田輝政の姫路《ひめじ》城もそのひとつであった。慶長六年に輝政は播磨《はりま》一国五二万石を領する大名となり、慶長六年から同十三年にかけて姫路城を大修築し、この時に現存する白亜の天守も築かれた。このふたつの豊臣恩顧の大名居城は、大坂方を刺激することなく、徳川勢力を上方《かみがた》に食い込ませる役割があった（藤田二〇一八）。

このように徳川将軍家の城郭運営は、大名の大幅な国替えによって広域に展開させた城郭網を連動させて防御網を築き上げたものであり、その中心に家康の駿府城と秀忠の江戸城を置いたのであった。

徳川将軍家の城建設は、「公儀普請《こうぎふしん》」「御手伝普請《おてつだいふしん》」「天下普請」などと呼ばれ、全国の諸大名に賦課《ふか》される公役《くやく》の一つであった。本書では寛永期に至る江戸城築城について、特別の場合を除き「天下普請」と称することとする。

天正十八年（一五九〇）に徳川家康が入部した当時の江戸城は、小田原北条氏の一支城に過ぎなかったが、慶長八年に将軍に就任し江戸に幕府を開くと、翌年諸大名に築城を号令し、慶長十一年から寛永十三年（一六三六）に至る約三〇年間に及ぶ諸大名の公儀普請によって江戸城は完成した。その普請（土木工事）は全国大名家を動員したものであった。また、築城とともに大名の家格や領国支配体制が定められ、幕府の職制や諸制度も整えられた。

江戸城の建設は、日比谷入江に面した標高二〇㍍《メートル》ほどの台地から沖積地に至る地形を巧みに利用し、駿河台《するがだい》（神田山）など高台を削り、斜面や低地では一〇㍍《メートル》もの盛土《もりど》を行うなど、大規模な造成によって成し遂げられた。その結果、本丸《ほんまる》を中心として西《にし》の丸《まる》、吹上《ふきあげ》、北《きた》の丸《まる》など堀や石垣を巡らした複雑な曲輪《くるわ》を造り、丸の内や番町の武家地を取り囲むように外堀《そとぼり》や神田川が巡り外郭を形成していた。こうして他の大名居城をはるかにしのぐ近世最大の城郭が完成した。

江戸城本丸周囲の石垣の構築は慶長十一年と同十九年に、さらに内郭《ないかく》を取り巻く堀が元和六年（一六二〇）に造られ、江戸城内郭が完成した。さらに江戸城外堀および外郭《がいかく》門の構築が慶長十一・十九年に始まり、寛永六年と寛永十三年の工事によって完成している。

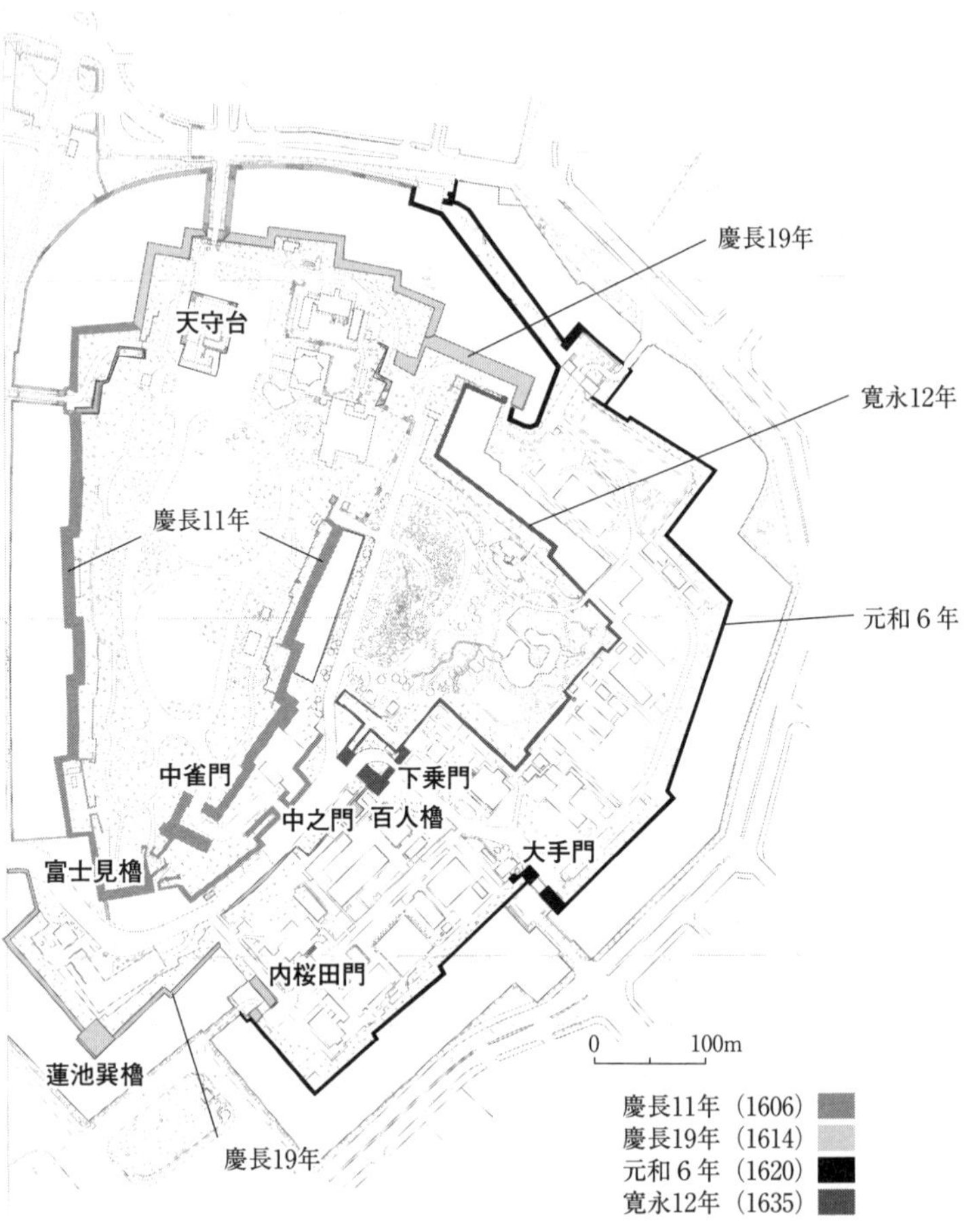

図10　江戸城本丸周辺の普請年代（筆者作成）

ここでは、近年の特別史跡江戸城跡や史跡江戸城外堀跡の発掘調査などによって明らかとなった、石垣工事を中心にみていくこととする。遺跡にみる工事体制の推移は、まさに徳川将軍家による幕藩体制確立の歴史と歩を同一とするものであった。

江戸城本丸の縄張と地形

江戸城は、武蔵野台地端部から東方に広がる沖積地を内郭に取り込んだ城であり、その縄張《なわばり》は起伏のある地形を活かし、堀を巡らして時計回りで螺旋状に郭を配している（図1）。江戸城内郭では、一〇メートルを超える高石垣《たかいしがき》で本丸を固め、その上には二重櫓《にじゅうやぐら》、三重《さんじゅう》櫓、多聞《たもん》櫓を配し、要所には城門などの虎口《こぐち》（出入り口）を置いて防御施設とした。主要な郭である本丸や西の丸は一段高い地形に立地し、堀を介して二の丸、三の丸と順次段差を設けた。

こうした江戸城の縄張りや防御機能としての構造は、大規模な造成で成し遂げられたことが近年の発掘調査や地質調査で明らかとなってきた。図11は江戸城内郭での地質調査に基づく原地形と江戸城を構築するための盛土層を示したものである。江戸城の台地は谷で画され、北の丸～本丸の台地と吹上～西の丸の台地の二つで構成されているが、このうち本丸から三の丸にかけては厚さ一〇メートルに達する盛土によって現在の地盤が形作られている。吹上など江戸城内でも高い地域では五メートル以上の切土《きりど》が確認されていることから、吹上～西の丸の台地を大きく削ることによって盛土を確保したのである。

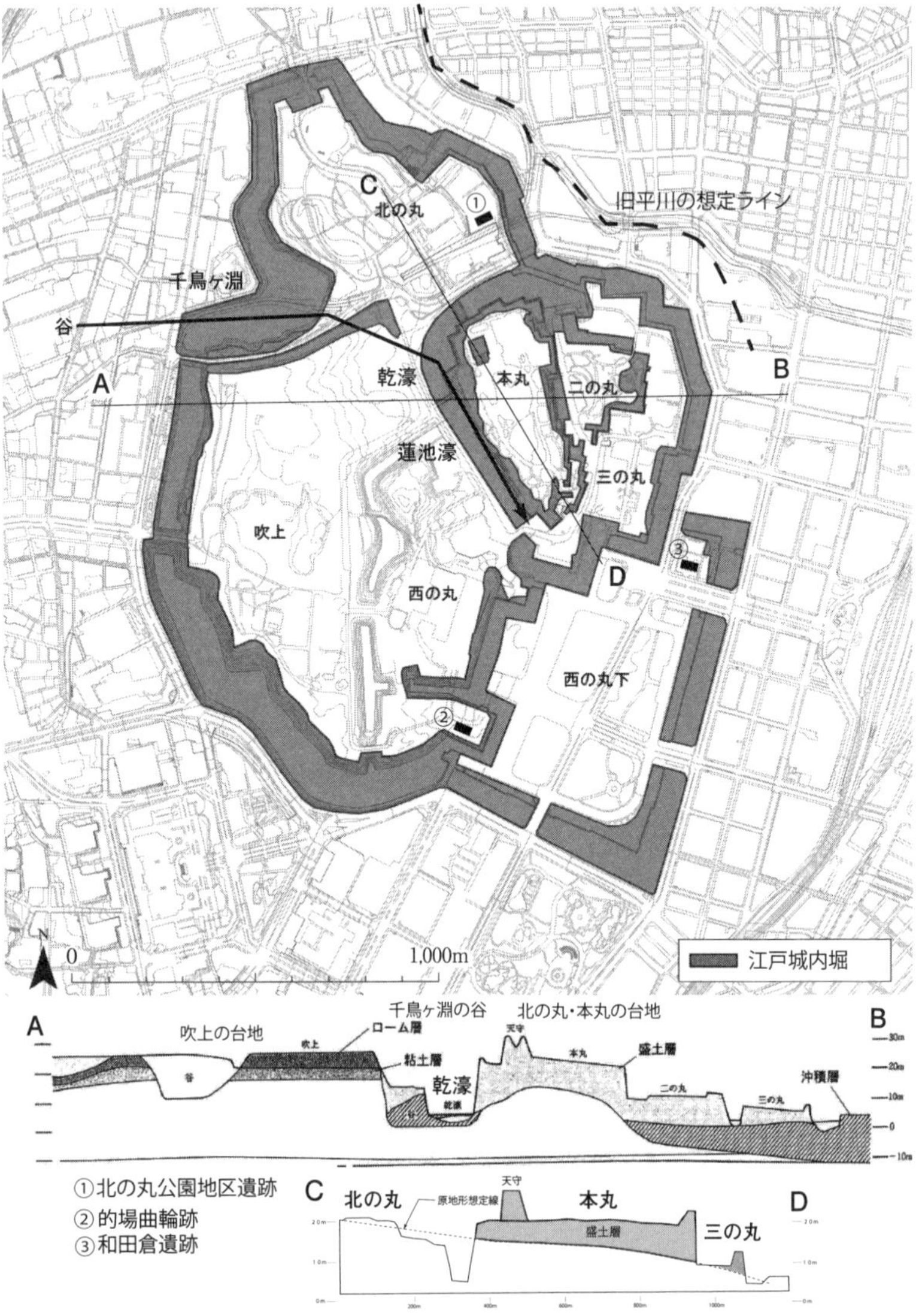

図11　旧江戸城の原地形復元（千代田区教育委員会2001より引用，一部加筆）

江戸城内での発掘調査でもその造成の痕跡を確認することができる。江戸城北の丸東方にある東京国立近代美術館遺跡（竹橋門）とその北側の江戸城跡北の丸公園地区遺跡（図11①）では、厚さ約五～一〇㍍に達する大規模な盛土が確認された。この地区は、標高一〇㍍の台地上にあり、現在も標高二〇㍍の北の丸とは崖線《がいせん》を介して一段低い地形となっている。これらの発掘調査では、この地点が北の丸台地東端の斜面にあたり、大規模な造成によって北の丸に取り込まれたことが判明した。さらにこの盛土上に一六二〇年代の遺構があるため、この造成は元和六年（一六二〇）の江戸城内郭石垣構築に伴い盛土されたと考えられている。この元和期の普請では、低地を利用した清水濠《しみずぼり》を設けて内郭を画定し、厚い盛土をするとともに高石垣を築いて北の丸を創出していったのである。

また、西の丸の南方にある的場《まとば》曲輪（図11②）での発掘調査でも一〇㍍を超える盛土層が確認された。これによって、外桜《そとさくら》田門《だもん》背後の的場曲輪を囲む土塁《どるい》による塁壁《るいへき》が形成され、標高約二〇㍍の台地に立地する西の丸へと続く曲輪を築いた（千代田区立四番町歴史民俗資料館二〇一一）。

このように江戸城東端部は斜面地を平坦として江戸城内郭を広げるとともに高石垣を築き、江戸城東方への備えとなる塁壁を整備したのであった。

次に江戸城東方の低地を江戸城内にどのように取り込んでいったのであろうか。「江戸の地理的環境」の節では、この地域の発掘や地質調査から家康入部当時の地形を復元した（図4）。それによると、江戸城下の中心地となる大手門前や現在の皇居外苑である西の丸下は、もともと平川の流域から入江が広がっており、中世には河川堆積物で次第に陸地化していった地域である。その東にある丸の内～有楽町は江戸前島という埋没台地に立地し、慶長九年（一六〇四）に始まる天下普請では、徳川家の重臣や外様大大名の屋敷として城郭の一部に取り込まれた地域である。

日比谷入江の造成工事技術

入江最深部付近に位置する江戸城三の丸の発掘調査では、もともと標高〇メートル付近の湿地環境であったが、その上部に二メートル近い盛土を施して、城内に取り込んだことが明らかとなった（東京都埋蔵文化財センター二〇一五）。この盛土の年代は特定されていないが、この地を天正十八年に酒井重忠が拝領したことから、天下普請以前に盛土造成が行われたこととなる。文禄元年（一五九二）の西の丸創築に際して馬場先門《ばばさきもん》辺を埋め立てるという記述が『落穂集追加』にみられることから、入江の一部は入城直後に埋め立てがなされていたのである。この段階では江戸前島と江戸城内郭の間はいまだ日比谷入江によって寸断されていた。

天下普請による江戸城築城において、城や城下の範囲を広げるために、本丸東側に広がる日比谷入江を埋め立てて江戸前島《まえじま》を江戸城に取り込む必要があった。

日比谷入江埋め立ては慶長八年に本格的に行われたが、入江最深部の和田倉門《わだくらもん》付近は「豊島須崎」と呼ばれ、前述のように家康入部間もない文禄元年にすでに埋め立てが行われていた。これは「別本慶長江戸図」でも確認できる。

日比谷入江内にあたる日比谷門跡の発掘調査では、標高マイナス一七メートル《メートル》に位置する洪積層上に、河川や海の堆積物である沖積層が厚さ一五メートル《メートル》も堆積しており、埋め立ての基礎地盤が標高マイナス約一・五メートル《メートル》であるから、極めて軟弱であったことが確認された。日比谷門を築くため、河原石を主体とする礫《れき》を混在させた盛土層を一メートル《メートル》以上の厚さで築き、そのうえに土台木を敷いて石垣の基礎としていた（千代田区立四番町歴史民俗資料館二〇一二）。

日比谷入江最深部の和田倉遺跡（現在の和田倉噴水公園）では標高〇メートル《メートル》の沖積層上に十七世紀初頭からおよそ一世紀をかけて厚さ約二メートル《メートル》の盛土が築かれていた。事前に溝を掘って排水処理をした上、低地や台地などのさまざまな土を細かな工程で盛土している。なかには水はけを良くするためと思われる薄い木屑層《きくずそう》もあり、多様な土を用いることで地盤強化を図っていたことがわかる（千代田区教育委員会一九九五）。

海浜の埋め立ての工法は、前島先端部に位置する汐留《しおどめ》遺跡でも確認されている。この遺跡では、十七世紀中葉に屋敷を拡張する際、杭《くい》を打ってそこに竹を巻き付ける「竹柵《ちくさく》」、板で留める「板柵《いたさく》」、菰《こも》で覆いながら土手を築いて堤防とする「堤状遺構」、石積護岸など、造成工事用の土留めや護岸で小区画を囲いながら順次海手方向に進出して造成していったことがわかる。さらにこの工事では、竹柵で造った排水路を設けて、その周囲に大量の貝を埋めたり、盛土内に薄い木片層《もくへんそう》を挟んだりと、屋敷側から海岸に向かって水はけを考慮した施設などを築いて堅い地盤を築きあげていった。

こうした工法は、盛土の補強や排水を目的とした「敷葉《しきは》工法」と呼ばれ、古代に中国から伝わった土木技術で、城壁や堤防などの工事に適用された。江戸中期の成立した徳川家や諸大名の事績などをまとめた『明良洪範《めいりょうこうはん》』によれば、江戸城では、慶長十九年に日比谷入江内にあたる桜田・日比谷堀での石垣構築に際して、熊本藩主加藤忠広《ただひろ》が沼地同様の地盤上に萱《かや》を敷き詰めて、突き固めたという逸話が残っている（東京市『東京市史稿　皇城編』一、六四五頁）。

日比谷入江の埋め立て技術は織豊《しょくほう》期以来、平地に縄張してきた築城技術を継承して実現されたものであった。その後も寛永期の汐留地域の大名屋敷や明暦の大火直後の築地地域の開発など、湾岸の埋め立てに引き継がれ、十七世紀中葉にかけて城下が広げられていくこととなる。

家康による慶長期の普請

江戸城の慶長九年（一六〇四）に始まる天下普請から大坂夏の陣直前の慶長十九年にかけて行われたのが第一期の江戸城普請であった。ここでは、この時期の江戸城の構造をみていこう。

「江戸始図」による家康の江戸城の姿

慶長九年に公布された江戸城築城を縄張（設計）した藤堂高虎は、徳川政権三代を支えた参謀といわれる人物である。高虎は豊臣秀長《ひでなが》、次いで秀吉に仕えたが、その死後は家康に従い伊勢《いせ》津《つ》藩三二万石の大名となった。彼は名築城家として、徳川政権下で江戸城のほか今治城・篠山《ささやま》城・膳所城・伏見城・大坂城などを手がけており、特に戦国武将としての実戦経験と領国経営の本拠地選定とを結びつけた縄張で有名である。こうして彼の設計した江戸城では、幾重にも堀を巡らす堅い守りの城郭が完成した。

まず、慶長十一年の普請によって完成した江戸城の姿を、絵図によって確認しよう。この普請直後の江戸城図は、東京都立中央図書館や東京都公文書館、東北大学狩野《かのう》文庫などに残る「慶長江戸絵図」や「慶長江戸図」など多くの史料が知られていた。これらは慶長十二～十三年頃の江戸城および大手町、丸の内といった曲輪内の屋敷配置を収録したものである。これら一連の慶長図は、絵図の表現手法や正確な測量技法などから、原本となった絵図自体も十七世紀中頃以降に作成されたものの可能性があり、現存するものの多くは江戸後期から明治初期の写図と推定される（飯田・俵一九九八）。

ここで扱う松江市所蔵の「江戸始図《はじめず》」は、この一群の絵図の系統にあるもので、その作成時期は十七世紀後半とされ、今まで知られている慶長期の江戸図のなかでは最も古い写図と考えられる。この絵図の特徴は、江戸城本丸での石垣や土手といった曲輪《くるわ》の描き方が詳細で、そのほかの絵図とは異なり城内の構造がより明瞭に把握される点である。

この絵図は、江戸城内曲輪と大手門前・丸の内を描いており、この時期の江戸城の範囲を示している（図12）。城内の基本構成はほぼ確定していたことが確認されるが、後の三の丸は広い敷地を占め幕府中枢の家臣団の屋敷が置かれ、後の二の丸が狭くなっていることがわかる。また、北の丸や吹上などにも家臣の屋敷がみられ、本丸を取り巻く城内に信頼する家臣を配置することで防御を固めていたと考えられる。彩色は、堀を水色、石垣を

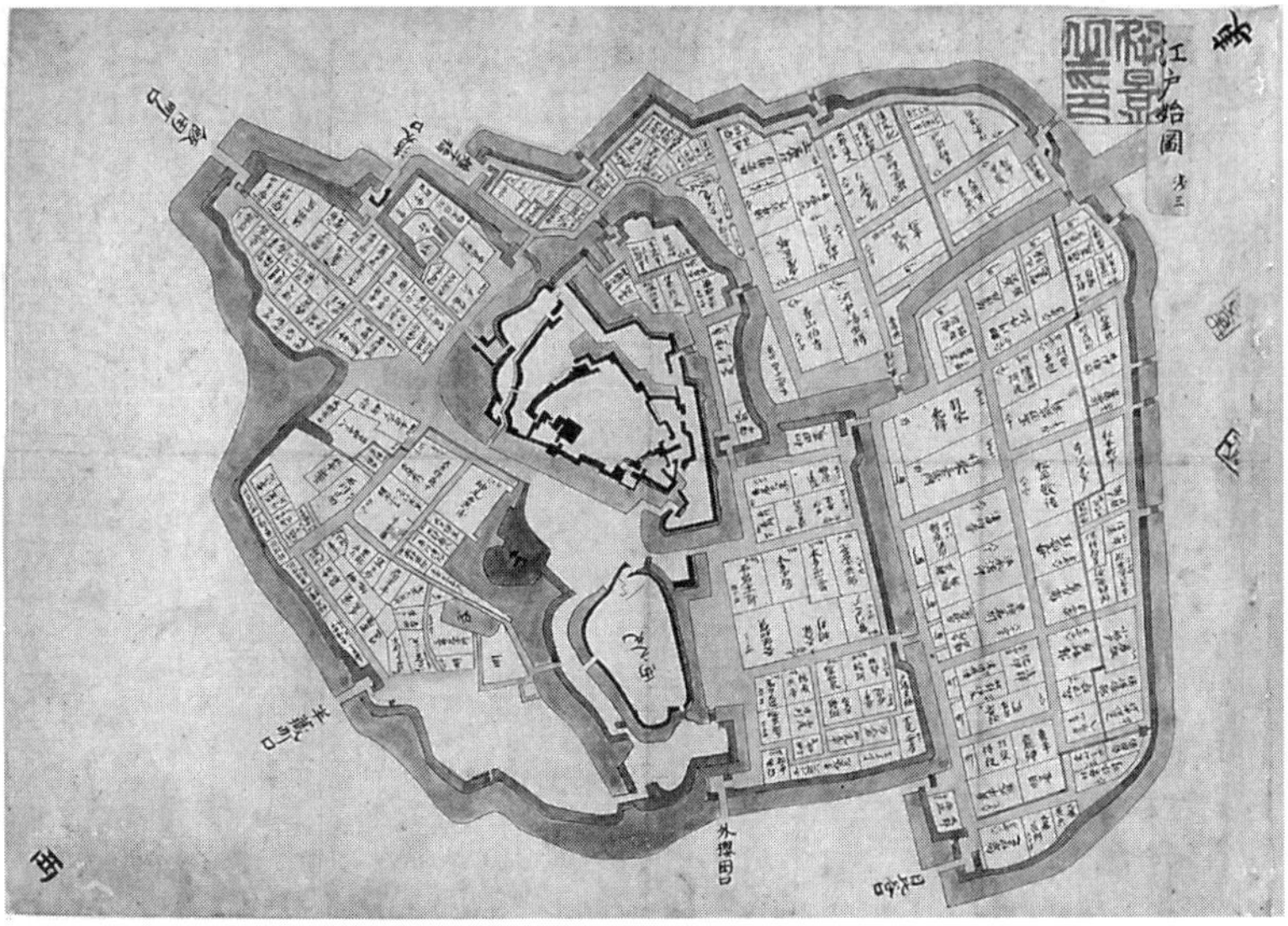

図12 「江戸始図」（松江歴史館所蔵）

黒太線、土手を緑の線で表現していると考えられ、江戸城本丸や西の丸といった特に重要な曲輪には石垣と堀が取り巻いているが、二の丸外縁の堀には石垣とその裾に土居《どい》が廻ることがわかる。

この絵図によると、本丸東側の上《かみ》梅林坂《ばいりんざか》門から現在の白鳥濠《しらとりぼり》（図14⑥）を経て中之門《なかのもん》（図14①）に至る石垣に沿って堀が巡らされている。また、中之門から埋門《うずみもん》（図14③）までの本丸東南側の登城口は、幾重にも石垣と堀で塁壁が築かれ、本丸周囲が石垣と堀で守られている。中之門発掘調査によって門の前に深さ四メートルの埋土《うめど》層が見つかっていることから、この地域にも慶長期まで堀が存在した可能性もある（宮内庁二〇〇七）。さらに現在の富士見櫓《ふじみやぐら》下の下埋門（図14⑦）から下埋門までの空間は一つの曲輪となる。蓮池門《はすいけ》（図14③）から上埋門に至る虎口は、石垣によるいくつもの折れを持つ堅牢な登城路となり、上埋門前には枡形《ますがた》虎口と隅櫓と思われる建物が描かれている。これらの石垣で固められた空間によって本丸南東部の防御を高めている。

ところでこの枡形であるが、江戸城跡では大手門や外桜田門など多くの城門跡に石垣で固められた枡形門が残る。これは対角する二つの門で敵の直進を阻むもので、江戸城では外側に高麗門《こうらい》、内側には渡　櫓《わたりやぐら》という武器庫をのせた門が配置される。信長の安土城に始まる織豊城郭に多く見られる構造である。「江戸始図」では、本丸にはその構造が見て取れるが、それ以外の城門は石垣ではなく堀の土手から続く土塁によって区切られていることがわかる。枡形石垣で固められるのは、後に記す元和・寛永期の天下普請のことである。

一方、本丸北側の現在の天守台《てんしゅだい》や北桔橋門《きたはねばし》（図14⑧）のあるあたりには、二重の堀と土塁を一体化させた三連の丸馬出《まるうまだし》という巧妙な防御空間を造っている。その南側も東西に連なる石垣と城門で本丸と区切られており、本丸南側の曲輪と同じように二重構造で本丸を固めている。

南と北の防御空間で固められた本丸は、二代将軍秀忠《ひでただ》以降のものとは異なり、小規模であった。この絵図には御殿が描かれていないが、本丸東端の石垣に沿って家康時代の天守が聳《そび》えている。この慶長期の天守は後の御休息所《ごきゅうそくじょ》前多聞（富士見多聞）周辺に位置し、大天守を中心に続櫓《つづきやぐら》を連結させた天守曲輪を構成していたことが確認でき、現存の城郭では姫路城天守と同じタイプのものである。『愚子見記《ぐしけんき》』によれば、天守は二二間半の高さがあり、高さ一〇間の天守台を含めると、約六四メートルに及ぶ史上最大級の建造物であった。

本丸北端の北桔橋門周囲の濠から大手門を経て内桜田門に至る堀は、緑線と黒線で縁取られていることから、現在みられる高さ二〇メートルを超える高石垣ではなく、千鳥ケ淵《ちどりがふち》などと同じ鉢巻《はちまき》石垣（土塁上に低い石垣を築いたもの）による堀であったと考えられる。この地域の城門の形状が後の石垣による枡形門とは異なる土手を食い違わせた虎口が多く見受けられる。

この絵図を検討すると、本丸の南側虎口や天守台などは石垣を多用した、信長以来の近世的な城構造となるが、本丸北側の土塁による丸馬出は、武田家の城に多用された技術で、諏訪原《すわはら》城や箕輪《みのわ》城でもみてとれる。江戸城はいわば東西日本の築城技術が融合した縄張であったといえる。さらに丸の内など外郭に目を向けると、堀には土塁が巡り、外郭正門である常盤橋《ときわばし》門（浅草口門）など、城門の多くは土塁による喰違《くいちがい》虎口であったと考えられる。

このように最初期に天下普請で築かれた江戸城の姿は、家康が関東移封以前に培った技術を継承したもので、土の城を基本としながらも中枢部である本丸は石垣で固め、丸馬出とともに本丸は防御性が高く、慶長期の政情を示している。特に本丸の小ささは大御所家康の駿府城と二代将軍秀忠の江戸城の二元体制を示しているのかもしれない。

それでは、家康が行った天下普請の過程を史料および現存する遺構や発掘調査成果によって確認していこう。図11には江戸城内堀での慶長期から寛永期の天下普請と明暦大火後の修復工事範囲を時代ごとに示した。

伊豆石丁場が開かれる

江戸城周辺には築城石を採石できる場所がないため、幕府は伊豆半島にそれを求めた。江戸築城に先立ち、慶長九年に内藤忠清《ないとうただきよ》、石川重次《いしかわしげつぐ》らを普請奉行に任命し、石垣普請に長けた西国の外様《とざま》諸藩など二八家に石船および築城石と材木の調達を命じた（表1）。一〇万石につき百人持ちの石を一一二〇個差し出すよう命じられ、関東内陸には石の産出が乏しいため、伊豆の七ヵ所の石切場から石積船で運ぶこととなった。

江戸城天下普請の石垣石は石船で江戸湾へ回送し、石川島に揚げた後に小船に積み替えて堀を通り各建設現場に運んだ。現在、伊豆の石丁場《いしちようば》遺跡にはその残石や切り出した痕跡が残り、特に年号や人名を記した刻印石に慶長期の普請担当大名が記されたものがある。

表1　慶長10年石垣調達の主要大名

（カッコ内は担当石丁場）

大　名	旧国名	藩　名	担当場所
浅野幸長	紀伊	和歌山	石船385艘
池田輝政	播磨	姫路	
福島正則	安芸	広島	
毛利秀就	長門	萩	2988名（富戸）
山内一豊	土佐	高知	（稲取）
加藤嘉明	伊予	松山	
細川忠興	豊前	小倉	（網代・宇佐美）
黒田長政	筑前	福岡	石船150艘
鍋島勝茂	肥前	佐賀	（戸田）
加藤清正	肥後	熊本	
島津忠恒	薩摩	鹿児島	石船300艘

まず、石丁場跡に残る刻銘石に刻まれた大名は、山内一豊《やまうちかずとよ》・忠義《ただよし》、池田輝政、池田忠雄《ただお》、加藤清正、京極高知《きょうごくたかとも》、森忠政《もりただまさ》、有馬豊氏《ありまとようじ》、浅野幸長、細川忠興、毛利秀就《ひでなり》、鍋島勝茂《なべしまかつしげ》といった外様大名でも国持大名と呼ばれる大藩を主体としている。史料にある慶長期の採石を担当した大名と一致するものが多い。

小田原市の石丁場では「三左《さんざ》」（姫路藩主池田輝政・羽柴三左衛門《はしばさんざえもん》）・「加藤肥後守石場《ひごのかみいしば》」（熊本藩主加藤清正）、熱海市の石丁場では「羽柴丹後守《たんごのかみ》けい長九年」（宮津藩主京極高知）・「是ヨリ西有馬玄蕃　石場慶長十六年」（久留米藩主有馬豊氏）・「慶長十九年」「羽柴右近《うこん》」（津山藩主森忠政）、伊東市の石丁場では「羽柴越《えっ》中守《ちゅうのかみ》石場」（小倉藩主細川忠興）・「松平宮内《まつだいらくない》少《しょう》石場」（岡山藩主池田忠雄）、東伊豆町の石丁場では「羽柴左衛門太夫」（広島藩主福島正則）・「越前」（高知藩主山内家臣の百々《どど》安行）といった刻名が残石に確認される。これらの年号から、慶長九年から同十九年までに採石された

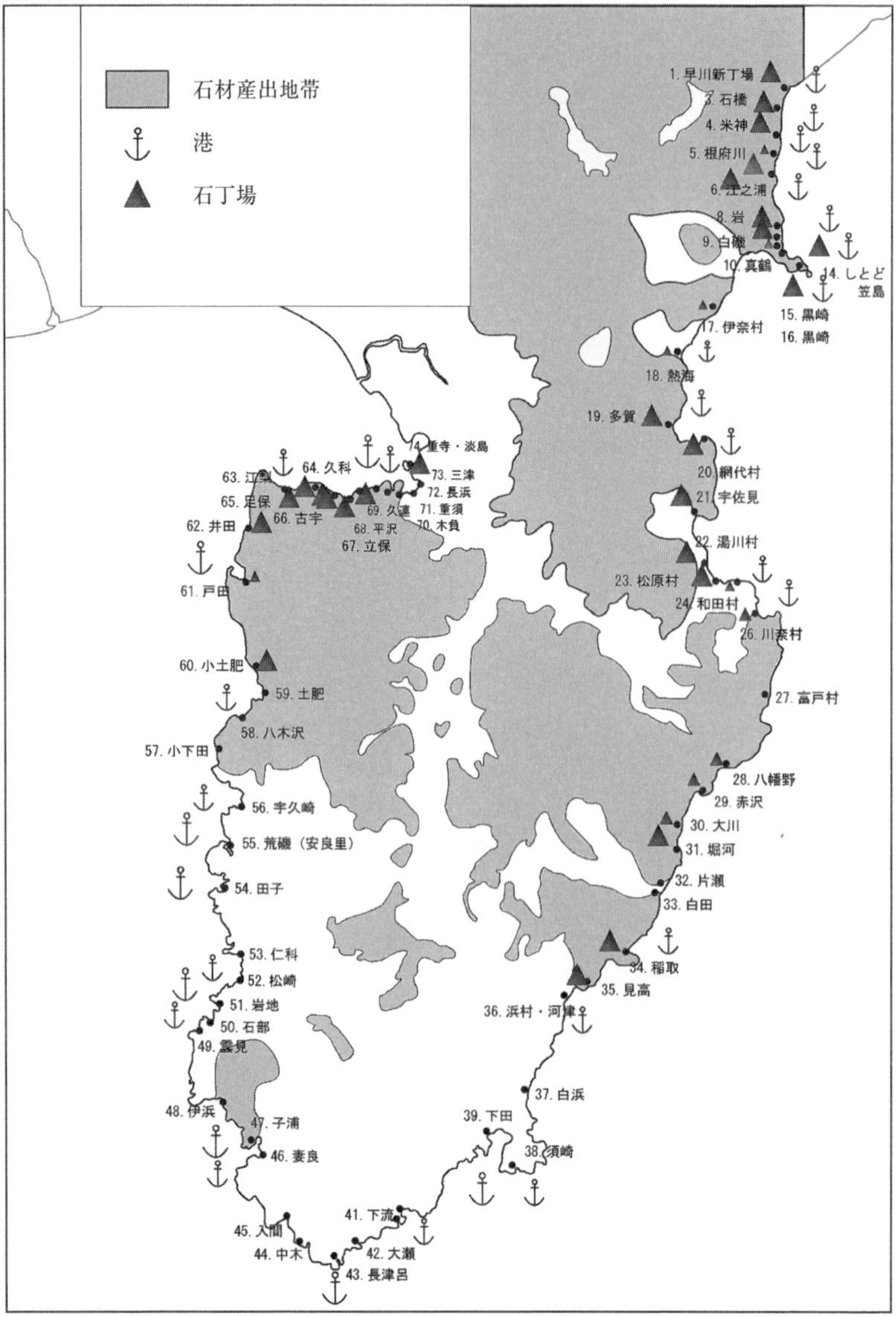

図13　伊豆石丁場分布図（地下鉄７号線溜池・駒込間遺跡調査会1995より作成）

ことを示しており、また人名もほぼ同時期に位置づけられることから、これらは慶長十一年や同十九年の築城に際して、石丁場が開かれた採石範囲を示す標示石《ひょうじせき》であったと考えられる。

慶長十一年の石垣普請

慶長十一年に本丸および外郭工事を大名三六家（表2）に命じた。翌十二年には西国大名に代わって信濃《しなの》・越後《えちご》・陸奥《むつ》・出羽《でわ》など東国大名が続きの工事を担当した（表3）。この工事では、藤堂高虎が縄張を行い、石垣普請や天守台が造られ、外郭では雉子橋《きじばし》から溜池落口《ためいけおちくち》石垣および虎門石垣が完成した。

天守は黒田長政により慶長十一年に高さ八間の石垣が完成しており、翌年には伊達政宗《だてまさむね》によって二間積み上げて高さ一〇間（約一九・七メートル）の天守台が完成し、その上に五層の天守を建築した。天守を含めて本丸御殿の造営は、京都大工頭《だいくがしら》であった中井正清《なかいまさきよ》が担当した。彼は家康に作事方《さくじかた》として仕え、畿内《きない》・近江《おうみ》など六ヵ国の大工等を支配し、江戸城および城下町割りのほか、二条城や駿府城天守、名古屋城、日光東照宮《にっこうとうしょうぐう》、久能山《くのうざん》東照宮など、徳川将軍家の重要な建築を担当した。

慶長十一年に構築された石垣のうち現存する石垣は、白鳥濠、富士見櫓台から埋門、乾櫓《いぬいやぐら》台、御休息所多聞櫓台（富士見多聞櫓）といった本丸を取り巻く石垣である。図14には江戸城本丸を中心とした復元図を示した。本丸と二の丸を区画する現在の白鳥濠には

表2　慶長11年石垣普請（主たる大名）

大　名	旧国名	藩　名	担当場所
藤堂高虎	伊予	今治	大手門・縄張
細川忠興	豊前	小倉	本丸・外郭
前田利光	加賀	金沢	外郭
池田輝政	播磨	姫路	外郭
加藤清正	肥後	熊本	富士見櫓・西丸大手内郭・乗物橋左手一番丁場
福島正則	安芸	広島	外郭
浅野幸長	紀伊	和歌山	外郭・赤坂溜池
黒田長政	筑前	福岡	外郭・天守
鍋島勝茂	肥前	佐賀	外郭・虎門
山内忠義	土佐	高知	本丸・外郭
毛利秀就	長門	萩	本丸
吉川広家	周防	岩国	本丸
有馬豊氏	丹波	福知山	本丸・二番丁場
蜂須賀至鎮	阿波	徳島	外郭
京極高知	丹後	宮津	外郭
保科正光	信濃	高遠	外郭
古田重勝	伊勢	松坂	本丸

堀沿いに高さ約一三メートルの高石垣が聳えている。これらの現存石垣は、図15・16にみられるように、隅角《ぐうかく》部の算木積《さんぎづ》みが未完成の段階で、角石《すみいし》や角脇石《すみわきいし》は直方体とならず間詰石《まづめいし》も多く入る。隅角部の下半部の勾配は緩やかで上部へいくほど急勾配となる、いわゆる「扇の

勾配」の石垣である。築石《つきいし》部は打込《うちこ》みハギ・乱積《らんづ》みで、間詰石が多い（図15）。近年の江戸城内郭の調査により慶長期段階の石垣刻印が確認されている。

本丸登城門のひとつ中之門は、「江戸始図」にも描かれている。宮内庁による中之門石垣修復工事によって、現存石垣の内部（図14①）から、この時期と思われる安山岩《あんざんがん》による二段の石垣と門礎石《もんそせき》と敷石《しきいし》が発見された。石垣には刻印が付されており、それは藤堂家が築いた伊勢津城の石垣に共通するという（宮内庁二〇〇七）。

現存する慶長十一年築造の石垣には、その表面に刻印や刻銘などの符号が多く認められる。こうした符号は他の近世城郭にもみられ、特に駿府城や大坂城、名古屋城など天下普請により築かれた城郭に多い。その意味は、①大名、②普請奉行や工事担当者、③作業グループ（石工）に関わるもののほか、④構築番号、⑤石材の個数・寸法、⑥年代など、と分類することができる（藤井一九八二）。ここでは、石垣の符号をもとに江戸城天下普請の工事体制を紐解いていきたい（宮内庁二〇〇九）。

表3　慶長12年石垣普請

大　名	旧国名	藩　名
伊達政宗	陸奥	仙台
上杉景勝	出羽	米沢
蒲生秀行	陸奥	会津
最上義光	出羽	山形
佐竹義宣	出羽	秋田
堀田忠俊	越後	春日山
溝口秀勝	越後	新発田
村上義明	越後	村上
相馬利胤	陸奥	中村
諏訪頼永	信濃	高島

本丸南端にある富士見櫓下の石垣（図14②）は、地表からの高さ一五メートルに達する高石垣で、図15のよ

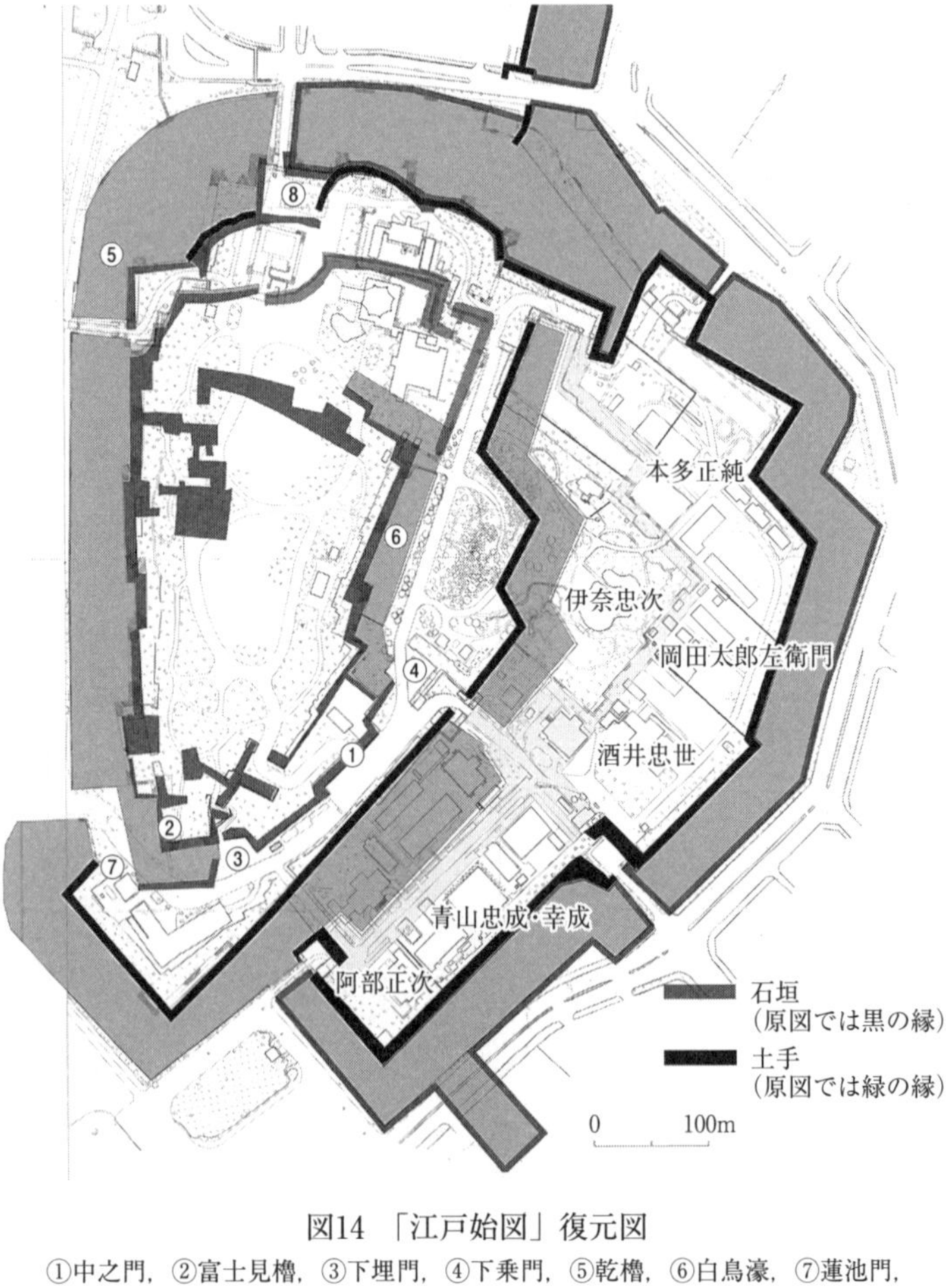

図14　「江戸始図」復元図

①中之門，②富士見櫓，③下埋門，④下乗門，⑤乾櫓，⑥白鳥濠，⑦蓮池門，⑧北桔橋門

うに南東隅では、勾配の緩い石垣で直方体の角石を用いない古い形態を示しており、慶長後期の様相を呈している。この隅角部を中心として、「三輪紋《みつわもん》」の刻印を主体にして、毛利家の「雁金紋《かりがねもん》」や、有馬家を示すと思われる「二重菱形《にじゅうひしがた》」といった多数の刻印が確認されている。三輪紋は浅野家居城の和歌山城にもみられることから、この刻印は浅野幸長を示すと考えられる。慶長十一年の浅野幸長による普請箇所が本丸および外郭と記載されており、この地点が該当する可能性がある。

富士見櫓西面石垣の隅角部から約二〇メートル北側の石垣下部には「百々越前《どどえちぜん》」の刻銘と山内家替紋の「二つ引き両紋」の刻印石がある。百々越前守（綱家《つないえ》）は関ヶ原の戦いのとき、織田秀信《ひでのぶ》の家老として岐阜城に籠城したが、関ヶ原の戦いで敗れた後、西軍の重臣であったため蟄居を命じられた。その後、山内一豊に仕えることとなった。百々は近江出身で石垣構築に優れた近江穴太衆《あのうしゅう》を配下に持っており、築城技術に優れていたと伝わる。そのため高知《こうち》城築城の総奉行に任じられ、城と城下町整備の全権を担ったという。慶長十一年の江戸城築城では山内家は本丸と外郭工事を担当しており、百々は石垣工事を任されていた。稲取の石丁場跡には百々越前と「二つ引き両紋」の刻印石が残っている（東伊豆町誌編纂委員会一九八九）。

また、南面石垣では隅角部から約一四・八メートル東方の地点より東側には刻印がないことか

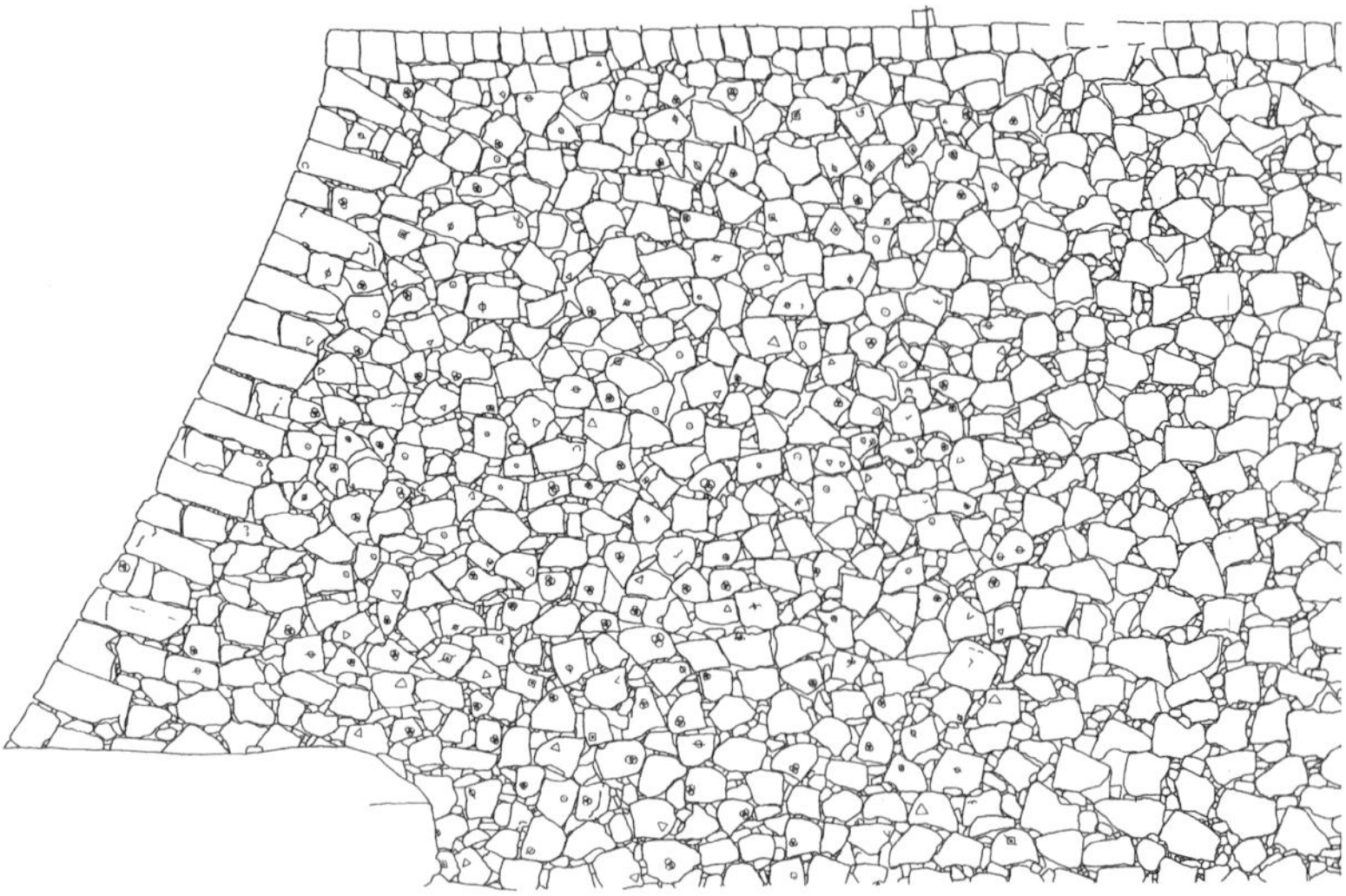

図15　富士見櫓台南面石垣刻印分布図（宮内庁2009より）

ら、築造者が違う可能性がある（図15）。

　このように石垣の特徴や刻印の有無・種類により、富士見櫓周辺の下埋門から蓮池門までの本丸石垣は、大名数家で担当したとみられ、その中には富士見櫓台石垣を担当したと伝えられる加藤清正のほか、浅野幸長、山内一豊などが含まれていたと考えられる。また、その他に下・上埋門の通路部（図14③）には「羽三左」の刻印もあり、池田輝政（羽柴三左衛門）も担当していたことがわかる。

　江戸城二の丸の大手下《げ》乗《じょう》門《もん》北側石垣（図14④）には「さエ門」という大名を示すものや「△坂」という刻印が

みられる。前者は福島正則（羽柴左衛門大夫）に関わるものと思われるが、後者は不明である。『朝野旧聞裒藁《ちようやきゆうぶんほうこう》』所収の「御手伝覚書」によると、慶長十一年の普請では池田輝政や福島正則、浅野幸長は外郭石垣を担当したとある。

本丸北側では、北桔橋門西方にある水面からの高さ約一三・六メートルの乾櫓台石垣（図14⑤）の西面角石に「加藤肥後守内」の刻印があり、八から十九までの段数を示すと思われる刻印が角石に刻まれている。この地点の石垣には数多くの刻印があり、その主体は熊本藩加藤家を示すと考えられる「◎」や、名古屋城などにみられる加藤家の「二巴《ふたつどもえ》」がみられる（図16）。この石垣には大手下乗門北側石垣と同様に「さエ門」（福島正則）と「△坂」（不詳）という人名を示す刻印が認められる。

北桔橋門のある本丸北側の「山の手高石垣」は、後述の慶長十九年に築かれたもので、「江戸始図」では緩やかに湾曲した緑の縁で描かれている。慶長十一年段階では土手を配した堀であったと考えられる。さらに同図を詳細に見ると、「加藤肥後守内」のある石垣（図14⑤）だけ高石垣とみられる描き方である。この石垣の隅角部は安山岩で組まれているが、周囲の石垣隅角部の造りが新しく、瀬戸内海沿岸から運ばれた花崗岩《かこうがん》によって構成されていることから、築かれた時期が異なるものと考えられる。

このように慶長十一年に築かれた富士見櫓台石垣や乾櫓台石垣は、主に西国の外様大名

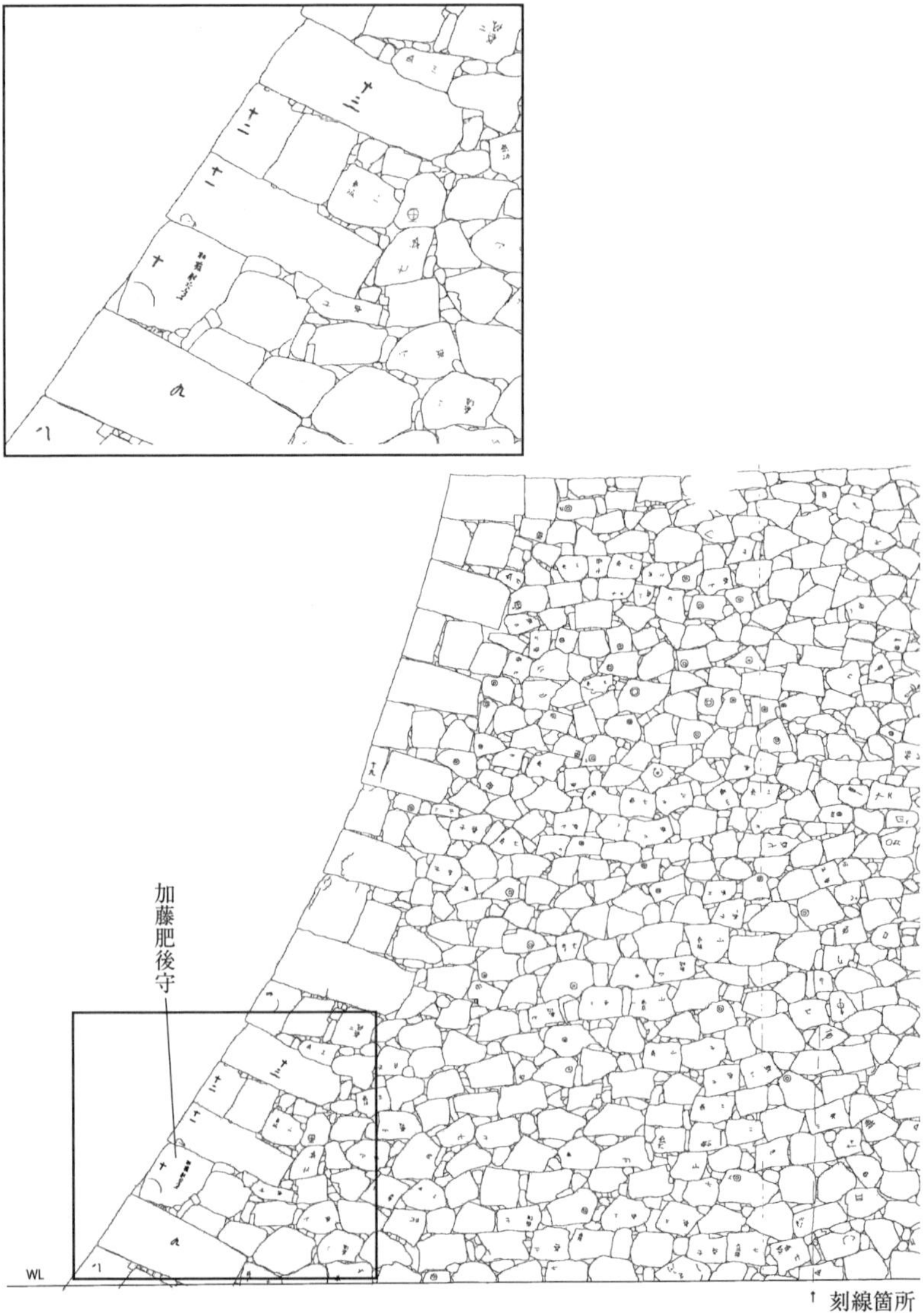

図16　乾櫓台石垣刻印分布（宮内庁2009より）

が担当したことを石垣刻印で確認できた。刻印は数種が組み合わされており、その組み合わせは割合狭い範囲で分布していることから、数種の刻印は大名一家を示しているのであろう。すなわち、この時期の石垣普請は、「割普請《わりぶしん》」といって各大名が担当を定めて築いたものと思われる。

表4　慶長16年石垣普請

大　名	旧国名	藩名	担当場所
伊達政宗	陸奥	仙台	貝塚堀(桜田堀)・半蔵堀・龍ノ口
蒲生秀行	陸奥	会津	
上杉景勝	出羽	米沢	
最上義光	出羽	山形	
佐竹義宣	出羽	秋田	
相馬利胤	陸奥	中村	西の丸堀
秋田実季	常陸	宍戸	
浅野長重	常陸	真壁	桜田土橋
諏訪頼永	信濃	高島	西の丸堀
保科正光	信濃	高遠	西の丸堀
北条氏重	下総	岩富	西の丸堀
酒井家次	上野	高崎	西の丸堀

慶長十六年の石垣普請

慶長十六〜十七年の築城は、東国大名を主とした課役により、外桜田門から半蔵門《はんぞうもん》に至る吹上周りの堀普請が行われた。『伊達家文書』の「政宗君治家記録」によると、伊達家では貝塚堀《かいづかぼり》（桜田堀か）や半蔵町堀（半蔵堀）のほかに龍ノ口《たつのくち》（和田倉門前）などを分担したとある。

西国大名はこの普請に参加していない。同じ時期に築かれた東三河《ひがしみかわ》の吉田《よしだ》城では「慶長十六年三月」と刻まれた石垣石が発見されており、石垣には山内忠義《ただよし》を示す「土佐」

図17　丸の内一丁目遺跡の障子堀（千代田区丸の内一丁目遺跡調査会2005より）

「百々」「二つ引き両紋」、池田輝政を示す「三左内」、池田利隆《としたか》を示す「松武蔵《まつむさし》（松平武蔵守）」の刻銘が発見されている。前年の名古屋城天下普請は西国・北陸大名二〇家が担当したが、その直後に名古屋城と同じ加藤清正、福島正則、池田輝政、山内忠義ら一〇家によって吉田城が築城された。西国大名たちは大坂冬の陣に備えた東海道筋の城普請に駆り出されていたので、江戸城普請は東国大名に課されたのである。

江戸城跡の中でこの時期に普請した石垣では、吹上の半蔵濠から桜田濠に至る江戸城西側に位置する内堀の鉢巻石垣の調査が行われている（千代田区教育委員会二〇〇一）。この石垣は慶長十一年に堀の整備が行われ、同十六年には堀の拡幅のため先に示した東国外様大名に工事が課せられた。

桜田濠石垣の発掘調査では生駒《いこま》家（高松藩）・京極家（小浜《おばま》藩）・伊達家（仙台藩）・前田

家（加賀藩）・加藤家（熊本藩）・藤堂家（津藩）など多くの大名家に関する刻印が確認された（宮内庁二〇一八）。こうした事例は、北側の半蔵濠や本丸外周の桔梗濠《ききょうぼり》の石垣でも共通しており、採石と築造を担当する大名が異なることを意味しているのであろう。

慶長年間の江戸城外郭普請

前述の「江戸始図」には多くの城門が土塁による虎口であった可能性を示した。その遺構として江戸城西方の喰違見附（図18）がある。これは慶長十七年に甲州《こうしゅう》流兵学者である小幡勘兵衛景憲《おばたかんべえかげのり》が築造したと伝えられ（『事跡合考』）、「赤坂喰違仮番所廻場」（『真田家文書』真田宝物館所蔵）によると、土手が互い違いになって直進を遮る構造であり、木戸と番所で守られている。

また、江戸城外郭東側の鍛冶橋《かじばし》門北側の外堀では、寛永期の石垣下から家康時代の外郭を示す遺構が発見された。千代田区丸の内一丁目遺跡では延長一五〇メートルの堀石垣が発見され、その下には土手の法面《のりめん》（斜面）の崩壊を防ぐ、杭と板材の木組みによる土留遺構が造られていた。さらに堀底には一辺三〜四メートル、深さ〇・七メートルの方形土坑が連続して並んでいた（図17）。この遺構は「障子堀《しょうじぼり》」あるいは「堀障子」と呼ばれる構造物と想定される。障子堀とは、小田原北条氏の城に特徴的な施設で、豊臣大坂城二の丸のほか、小田原合戦後の小田原城、十六世紀末以降の高崎城といった徳川家の城からも発見されている（佐々木二〇二四）。

図18　喰違見附

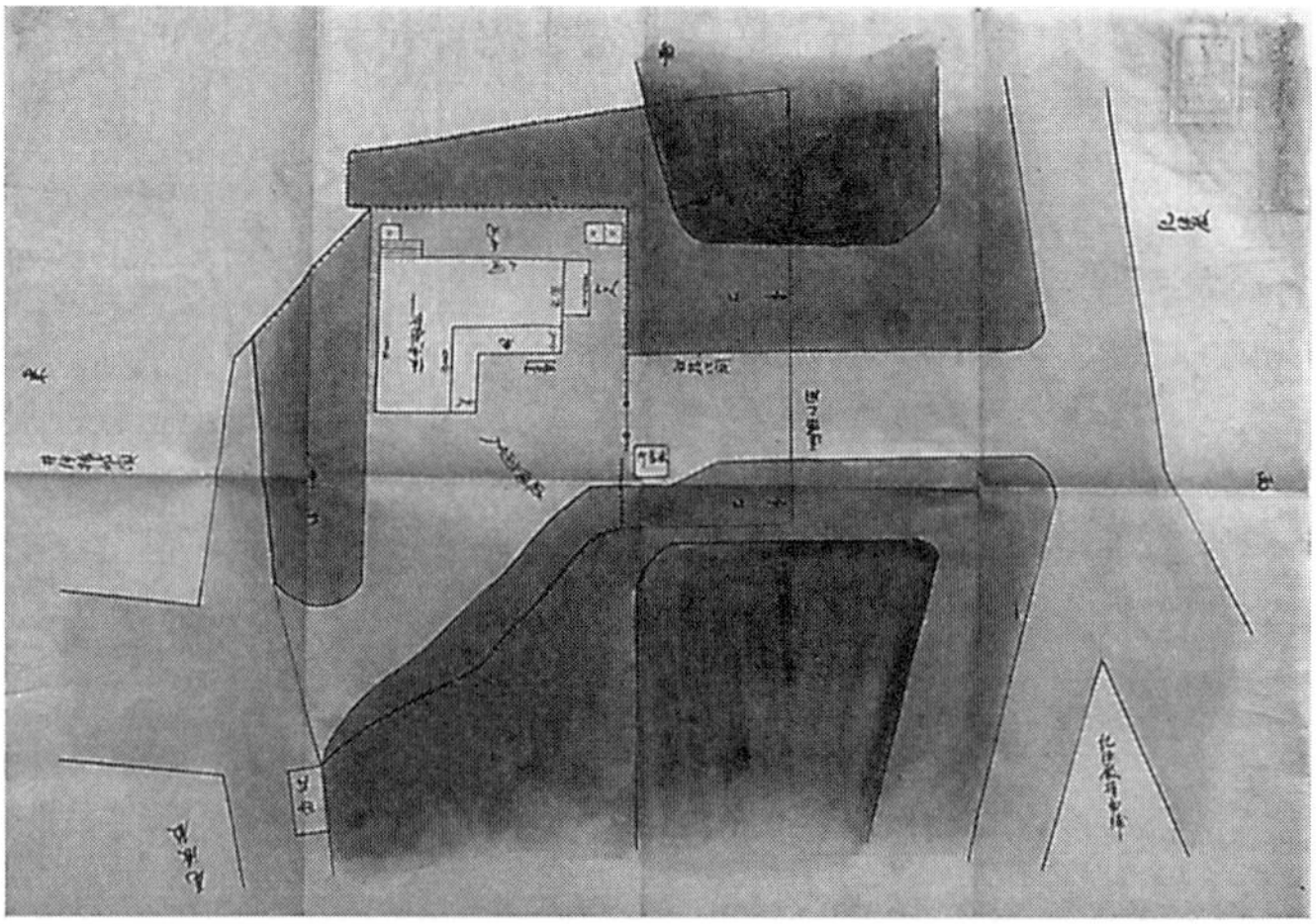

図19　「赤坂喰違仮番所廻場」（『真田家文書』真田宝物館所蔵）

表5　慶長19年普請大名

大　名	旧国名	藩　名	担当場所
藤堂高虎	伊勢	津	本丸
小出吉英	和泉	岸和田	
浅野長晟	紀伊	和歌山	西の丸（日比谷）
有馬豊氏	丹波	福知山	本丸・乗物橋左手
脇坂安治	伊予	大洲	
池田忠継	備中	岡山	本丸石垣
池田利隆	播磨	姫路	下乗門
池田長吉	因幡	鳥取	
福島正則	安芸	広島	本丸（紅葉山）
森忠政	美作	津山	
堀尾忠晴	出雲	松江	
京極高知	丹後	宮津	
京極忠高	若狭	小浜	
加藤貞泰	伯耆	米子	堀普請
毛利秀就	長門	萩	内桜田・二の丸枡形
加藤嘉明	伊予	松山	
蜂須賀至鎮	阿波	徳島	
山内忠義	土佐	高知	
細川忠興	豊前	小倉	本丸山の手石垣
黒田長政	筑前	福岡	本丸山の手石垣
遠藤慶隆	美濃	八幡	
土屋利直	上総	久留里	本丸
鍋島勝茂	肥前	佐賀	本丸・虎ノ門
寺沢広高	肥前	唐津	二の丸枡形
松浦隆信	肥前	平戸	本丸
田中忠政	筑後	柳川	
伊東祐慶	日向	飫肥	虎の門・石材運搬
島津忠興	日向	砂土原	本丸山の手石垣
加藤忠広	肥後	熊本	外桜田・日比谷・西の丸・下乗門
中川久盛	豊後	竹田	
毛利高政	豊後	佐伯	
稲葉典通	豊後	臼杵	
竹中重利	豊後	府内	

このように江戸城外堀跡での慶長期の遺構は、武田氏や北条氏など、関東移封以前に家康が破った東国の戦国大名の城の構造を取り入れていたことを示している。これは前述した本丸に武田氏の城に特徴的な丸馬出があることも含めて、東国の土の城を巧みに取り入れて初期の江戸城の縄張を行っていたことを具体的に示す事例である。

慶長十九年に築造された現存石垣

慶長十九年の本丸周辺の石垣普請は、三四家の大名に課役されている。慶長九年普請と十一年普請の大名を基本とした西国大名を中心とする構成である。修築場所は、本丸・二の丸石垣のほか内桜田門、西の丸下馬門枡形石垣で、慶長十一年に続く大規模な石垣工事であった（『東京市史稿　皇城編』一、六〇五頁）。石垣普請は慶長十九年三月に始まり、十月には大坂の陣によって一部未了のまま中断した。

「新撰御家譜」（『細川家史料』）等によると、細川忠興は本丸山の手の高石垣を築いている。この「本丸山の手」の高石垣は、江戸城本丸北端の乾濠《いぬいぼり》・平川濠に沿った高石垣を指しているのであろう。これは、慶長十一年の普請でみた「江戸始図」では、堀の縁取りに緑の線が描かれていることから、慶長十一年には土手による堀であったものを、現存する高石垣に改造したのが慶長十九年であったことを示している。同史料には慶長十九年三月二十四・五日頃に根石を築くところの土居の根切りを行うとあることからも、従前は土居であったことを示している。現存する約一五㍍に及ぶ高石垣は、石垣隅角部が安山岩の直方体切石による算木積みであり、築石は割合揃った形をしている。この石垣は慶長十一年の石垣とは大きく変化していることが確認できる。

そのほか、鍋島勝茂は枡形一ヵ所と平石垣《ひらいしがき》四〇間余り、唐津藩主寺沢広高《てらさわひろたか》は三番丁場と二の丸枡形、毛利秀就は内桜田門枡形を担当している。

二の丸外周の石垣は、姫路藩主池田利隆により「城内下馬二ノ丸石垣」が築かれたとされ、修築は本丸・乗物橋（下乗橋か）左手一番丁場を熊本藩主加藤忠広と和歌山藩主浅野長晟《ながあきら》、同二番丁場を福知山藩主有馬豊氏が請け負っている。宮内庁による二の丸百人櫓台石垣解体時の写真（図20）によれば、石垣の角石（花崗岩）に「松平武蔵守」（池田利隆）、「松平左衛門督《さえもんのかみ》」（池田忠継）、「羽柴左衛門太夫」（福島正則）の刻銘が確認され（宮内庁二〇〇九）、角脇石に有馬豊氏の刻印と思われる「二重菱形」の刻印がみられる。

なお、慶長十九年の普請では、池田忠継、福島正則とも本丸および紅葉山を請け負っており、刻印に示された大名と修築を請け負った大名が一致する。

大正七年（一九一八）の「宮城桔梗門内及三ノ丸地埋築工事」に掲載された図20の写真では、刻銘の入った石垣角石の中には西国で採石された花崗岩と思われる石材が見られ、この石材はこれらの大名が進上したものと考えられる。

図20　下乗門南側の旧百人櫓石垣刻印（宮内庁2009より）

徳川家の大坂城築城に伴う小豆島《しょうどしま》など瀬戸内海沿岸の花崗岩の石丁場は元和年間に開かれたというが、江戸城では大坂の陣に遡る慶長一九年にすでに花崗岩が江戸城に運ばれていたことを示すものといえよう。

二の丸南端の蓮池巽櫓台石垣の角石は安山岩と花崗岩が用いられている。このうち安山岩の角石三ヵ所には「□ちす□□波守内／小南□□□」「はちすかあわ乃守内／す多□□□□」「はち卍」と刻まれている。蓮池巽櫓台《たつみやぐらだい》から内桜田門のある蛤濠《はまぐりぼり》・桔梗濠の石垣には蜂須賀家を示す「卍」の刻印が多く、この地域の石垣修築は徳島藩蜂須賀家が関わったと思われる。なお、この石垣は慶長十九年もしくは元和六年（一六二〇）に普請されたものである。

秀忠による元和期の普請

修築の経過

慶長十九年（一六一四）の普請は、同年十一月に勃発した大坂冬の陣で中断した。この慶長後期の時期は豊臣方と徳川方の二元政治体制で、不安定な時期であった。こうした時期に起こった冬の陣は、方広寺《ほうこうじ》鐘銘《しょうめい》問題に端を発し、豊臣方が大坂城から交渉役の片桐且元《かたぎりかつもと》を逐い、武装を強化したことによる。豊臣方は恩顧大名に援軍を求めたが、すでに多くの大名は徳川家への忠誠を誓っており、呼応したのは真田《さなだ》信繁《のぶしげ》（幸村《ゆきむら》）や後藤基次《ごとうもとつぐ》（又兵衛《またべえ》）、長宗我部盛親《ちょうそかべもりちか》、毛利勝永《かつなが》、明石全登《あかしぜんと》といった牢人衆《ろうにん》であった。

この戦いは徳川方の優位に進み、大坂城惣構《そうがまえ》の破却、秀頼・淀殿《よどどの》の身の安全などを条件に和睦《わぼく》となった（藤井二〇二〇）。その後、大坂方の軍備拡張を察知した家康は国替を迫ったが、秀頼はこれを拒否し、慶長二十年四月に大坂夏の陣が勃発した。翌月大坂城は落城、秀頼が自刃して豊臣家は滅亡した。

こうして徳川家が天下を手中に収めたのであった。この後、一国一城令や武家諸法度《ぶけしょはっと》、禁中並公家諸法度《きんちゅうならびにくげしょはっと》など法整備を進め、全国諸大名の支配体制を強めると、元和二年（一六一六）家康は亡くなった。徳川幕府が盤石となると、二代将軍秀忠は元和期から寛永六年（一六二九）にかけて江戸城だけでなく大坂城や二条城を含めた三都の整備に着手する。

元和六年の天下普請は、江戸城内郭の三の丸から北の丸までの内郭門である枡形門と、内堀の石垣改修工事であった。駿府の大御所家康が没したことで江戸城への一元化がなされ、幕府機構整備で本丸御殿を拡大する必要が生じたため、元和八年に本丸北側の馬出と堀を撤去し、中央部にあった天守を現在の天守台の位置に移して秀忠の天守を築き、ここに江戸城内郭が完成した。

平川の外堀化

先に「別本慶長江戸図」でみたように本来の平川は、小石川から一ツ橋、大手町を経て本丸台地を沿うように流れ、平川門から大手門付近で日比谷入江にそそいでいたと考えられる。その川筋は少なくとも慶長七年までに常盤橋から東流して日本橋・江戸橋を経て現在の隅田川《すみだがわ》に放流する流路に付け替えられている。慶長九年に始まる天下普請では、その流路の一部を江戸城外掘として整備して丸の内（大名小路）の曲輪を創出した。

元和二年に家康が亡くなると、駿府に詰めている家康付き家臣を江戸へ迎えるため、元和六年に神田台《かんだだい》（駿河台）を開発するとともに、駿河台を掘り割って神田川を隅田川へ放流させる人工河川を作り、江戸城直下を流れていた平川を江戸城外堀として改修していくこととなった。

日本橋川右岸の再開発に合わせて発掘調査がなされた千代田区飯田町《いいだまち》遺跡からは、自然河川から外堀を築造していたことを示す堀跡が発見された（図21）。図左上の神田川に向かう谷地形が等高線の方向によって確認でき、その最も深い地点で堀跡が南北に延びていることがわかる。遺跡調査によると、河川の影響によって谷が形成され、葦《あし》などが生い茂る標高〇㍍《メートル》の低湿地帯となることから、この地域が平川流域にあたることが確認された。

江戸時代に入り、一六二〇年代頃になると、この地域は徐々に埋め立てられ、二㍍《メートル》以上の盛土によって屋敷地として利用可能な地形となっていくことが判明した。その開発方法は、谷に沿って石組や板組、竹柵で護岸された幅一〇㍍《メートル》の堀を築いて排水路とし、土留板などで区切って上流部から順次に埋められていったのである。つまり、もともとの河川を護岸工事しながら排水路とし、干上がった周辺の土地を順次埋め立てて市街地を開発して

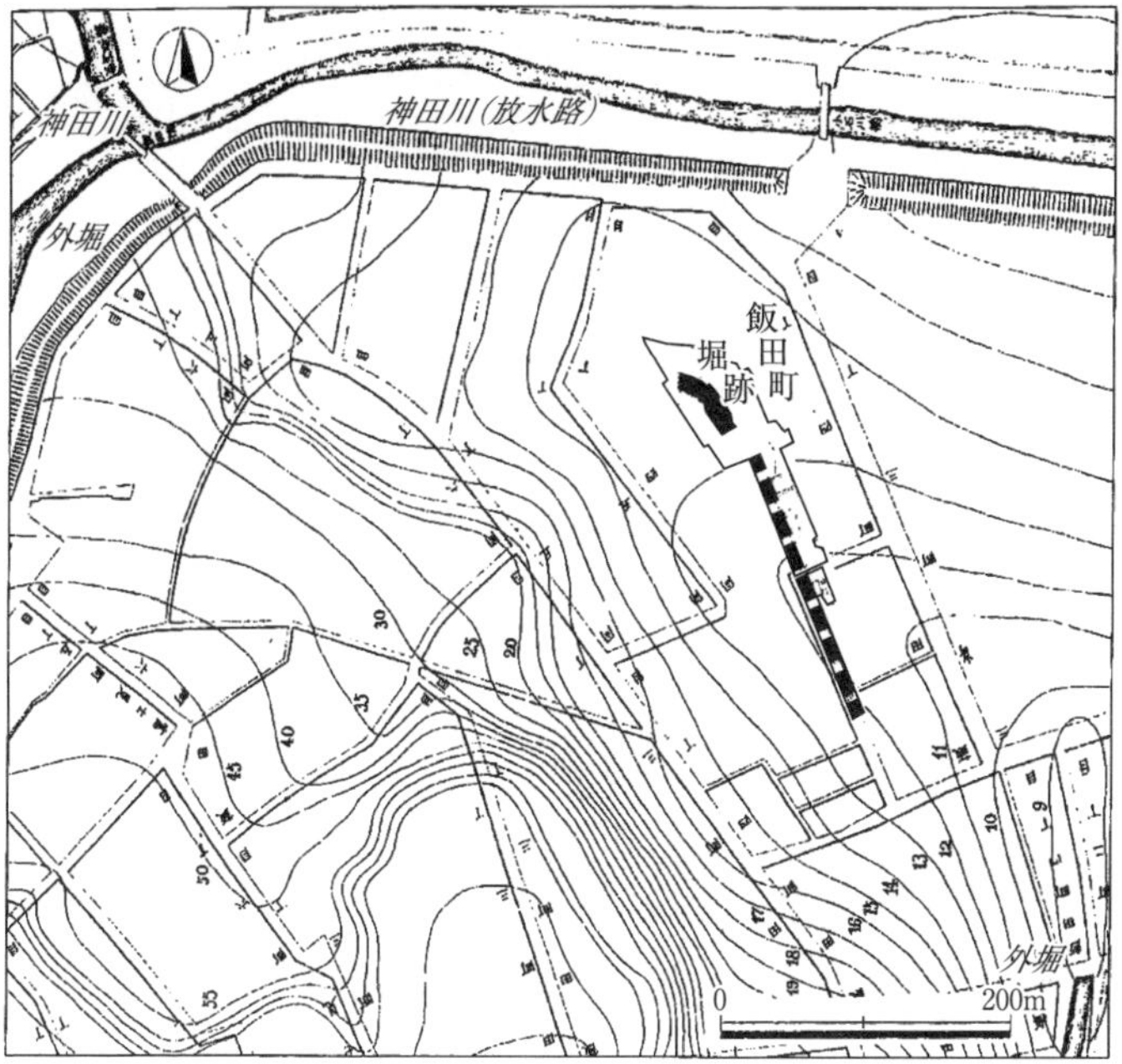

図21　飯田町遺跡堀跡周辺地形図（千代田区飯田町遺跡調査会2001より）

いった。この遺跡が語るように、平川の河川改修では新たな堀を築くとともに、江戸城東方に広がる低地を市街地として整備していったのである。

以上のように平川の流路変更は二回あり、一回目は慶長年間に江戸城直下を南北に流れていた本来の川筋を神田橋あたりから東方に流れを替え、江戸前島の尾根に沿うように付け替えて外堀（現在の日本橋川）を造り、二回目の元和年間には駿河台を掘り割り、城下町の手前で東流させた（現在の神田川）。両者とも洪水被害を防ぐ目的が第一であったが、元和年間の堀割は本郷《ほんごう》台地を区切り、防御の空間として駿河台の旗本集住地域としたと推定される。

「寛永江戸全図」や「正保年中江戸絵図」など一六四〇年代頃の江戸図で確認できるように、平川の残存部は十七世紀中頃までは江戸城外堀に続く堀として一部残っていたようである。飯田町遺跡からは明暦三年（一六五七）の大火によって、この堀は焼けた瓦礫《がれき》の廃棄場所となって完全に埋められ、この時点で神田川と完全に分断されたことがわかる。その後、ここは周囲も含めて讃岐《さぬき》高松藩松平家の上屋敷となり、旧河川地域が庭園泉水として整備されることとなった（千代田区飯田町遺跡調査会二〇〇一）。

元和六年の江戸城内郭工事

元和六年の天下普請は、大坂城を西国大名に、江戸城を東国大名に担当させた。江戸城で行われたのは内桜田から北の丸の清水門にかけての江戸城東方の内堀石垣と、外桜田・和田倉・竹橋・清水・田安門・半蔵門の各枡形石垣構築であった。普請は東北大名が担当した。特に伊達政宗は内桜田から清水門に至る石垣を担当した。

表6　元和6年石垣普請と石材調達

大　名	旧国名	藩名	担当場所
伊達政宗	陸奥	仙台	大手石垣と枡形
上杉景勝	出羽	米沢	
佐竹義宣	出羽	秋田	
蒲生秀行	陸奥	会津	大手門
最上義光	出羽	山形	
南部利直	陸奥	盛岡	
相馬利胤	陸奥	中村	大手門修築木材献上
池田忠雄	備前	岡山	石材献上
細川忠利	豊前	小倉	西の丸北角石垣
黒田長政	筑前	福岡	高石垣を希望

北原糸子氏によると、元和六年の石材の調達は普請課役を大名に課さず、秀忠が石三万個を町人に申し付けたと『細川家文書』に記されているとある（北原一九九九）。しかし、細川家が大石三〇〇〇石の献上を決めた（二月十四日条）ほか、岡山藩主池田忠雄や高知藩山内忠義が自発的に石材を献上し、細川忠利は西の丸北角石垣を、黒田長政は高石垣七〇間分の工事を希望したという。

本丸の内桜田から北の丸の清水門にかけての石垣には、さまざまな種類の刻印が付されている。内桜田門から大手濠石垣には、伊達家の刻印はあまりみられず、小倉《こくら》藩細川家の九曜紋《くようもん》、松江藩堀尾家と思われる分銅《ふんどう》、加賀藩前田家に関わる刻印（中・卍）も多く、福岡藩黒田家の「裏銭《うらぜに》紋」、豊後臼杵《ぶんごうすき》藩稲葉家の「折敷《おしき》に三文字」、浅野家の三輪《みつわ》紋などさまざまであった。

清水門枡形石垣根石（地中の基礎部）には「久永細井」という名が墨書で記されていた。田端寶作氏によると（田端一九九二）、幕臣の久永重勝《ひさながしげかつ》（三二〇〇石）と細井勝久《ほそいかつひさ》（一六五〇石）に該当すると推定され、彼らが幕府の普請奉行であった可能性を指摘している。なお、重勝の子の久永重知《しげとも》は寛永五年（一六二八）、江戸石奉行に任じられている。

大手門の南側に位置する桔梗濠は、高さ五メートルほどの石垣があり、宮内庁による解体修理の際に発掘調査が行われている（宮内庁二〇一三）。石垣は元和年間に築かれた打込みハギの石垣であるが、一部明暦の大火後に切り崩されて積み直された切込みハギもみられる。修理工事報告書では、打込みハギの石垣背面の裏込めは径三〇センチほどの比較的大型の栗石《ぐりいし》であり、その背面には貝殻砕片を混ぜた盛土層が築かれていた。この区域の刻印は「九」が最も多く、次いで「㊆」「㊀」「㊁」「□」や旗印が多く、そのほかに井桁、二重四角、十字、雁金紋、「て」、「折敷に三文字」「㊀」などが複数認められ、多くの種類の刻印がある。これらの刻印は、先の慶長十一年の刻印分布とは異なり、分布の偏重が認められず、各刻印がこの区域全体に分散している。さらにこれらの刻印は、元和六年に完成したうち

ご氏名《ふりがな》		年齢　　歳　　男・女
〒 □□□-□□□□	電話	
ご住所		
ご職業	所属学会等	
ご購読新聞名	ご購読雑誌名	

今後、吉川弘文館の「新刊案内」等をお送りいたします(年に数回を予定)。
ご承諾いただける方は右の□の中に✓をご記入ください。　□

注 文 書

月　　日

書　　名	定　価	部　数
	円	部
	円	部
	円	部
	円	部
	円	部

配本は、○印を付けた方法にして下さい。

イ. 下記書店へ配本して下さい。
(直接書店にお渡し下さい)

(書店・取次帖合印)

書店様へ=書店帖合印を捺印下さい。

ロ. 直接送本して下さい。

代金(書籍代+送料・代引手数料)は、お届けの際に現品と引換えにお支払下さい。送料・代引手数料は、1回のお届けごとに500円です(いずれも税込)。

＊お急ぎのご注文には電話、FAXをご利用ください。
電話 03−3813−9151(代)
FAX 03−3812−3544

郵便はがき

113-8790

料金受取人払郵便

本郷局承認

6427

差出有効期間
2026年1月
31日まで

東京都文京区本郷7丁目2番8号

吉川弘文館 行

愛読者カード

本書をお買い上げいただきまして、まことにありがとうございました。このハガキを、小社へのご意見またはご注文にご利用下さい。

お買上**書名**

＊本書に関するご感想、ご批判をお聞かせ下さい。

＊出版を希望するテーマ・執筆者名をお聞かせ下さい。

お買上書店名	区市町	書店

◆新刊情報はホームページで　https://www.yoshikawa-k.co.jp/

◆ご注文、ご意見については　E-mail:sales@yoshikawa-k.co.jp

桜田門から清水門にかけての堀石垣に分布するという特徴がある。

旗印の刻印は沼津市にある大浦丁場《おおうらちょうば》に残されているものと同じであり、同じ石丁場には「細川越中」「鍋島信濃守」の刻銘や細川家の九曜紋を示す「九」の刻印を持つ残石があり、細川忠興と鍋島勝茂の石丁場であったことがわかる。また、「九」「て」「㊀」「雁金紋」の刻印を持つ石は、富戸《ふと》や大川など伊東市南部の石丁場に残されており、これらの石丁場は、元和六年の普請では寺沢広高と毛利秀就の丁場であった。現在も「㊀」が現地の残石にも認められ、大坂城の毛利の普請丁場も同様の刻印が使われている。

このように元和六年の江戸城東方の内堀石垣普請に使われた石材は、伊豆半島西海岸の戸田《へだ》や東海岸の富戸などさまざまな丁場から搬入されたもので、多様な刻印の存在は石材調達と石垣築造の体制が異なることを物語るのであろう。石材調達を細川・鍋島・寺沢・毛利など西国大名、石垣普請を東国大名が負担したと考えられるのである。

元和八年の工事

元和八年の工事は、天守と本丸の造営など江戸城中心部の普請と作事が中心であった。本丸中央部にあった天守を現在の本丸北端の位置に移設した。天守台の修築については、広島藩主浅野長晟、熊本藩主加藤忠広、高田藩主松平忠昌《ただまさ》、高崎藩主安藤重長《あんどうしげなが》らが石垣を築き、作事（建築工事）は中井正清が大工棟梁を務めた。

秀忠の天守は『愚子見記』には「台徳院様御好み」とあり、慶長期とは異なったものであろう。「江戸御天守」（大工頭中井家関係資料、個人蔵）によれば、五層五階の層塔型天守で、その規模は初重平面が東西一六間（約三三・九メートル）南北一八間（約三八・二メートル）、高さ一四八尺（約四四・八メートル）となり、本丸御殿の拡張と合わせて天下の府に相応しい天守となった。

家光による寛永期の江戸城普請

修築の経過

元和九年（一六二三）に徳川家光は伏見城で将軍宣下を受けて三代目の将軍となったが、それまでには紆余曲折があった。父秀忠と母お江《ごう》（崇源院《すうげんいん》）は竹千代《たけちよ》（家光）よりも弟の国松《くにまつ》（後の忠長《ただなが》）を寵愛していたため、乳母である福（春日局《かすがのつぼね》）の訴えもあり、家康が竹千代を世嗣と裁断したという逸話がある。そのため、家光は祖父を篤く敬い、寛永十三年（一六三六）に東照宮を造営すると、日光社参を一〇回行っている。

家光の将軍就任後、秀忠は西の丸に隠居し、その後も大御所として政治的実権を握り、幕政は本丸年寄《ほんまるどしより》（後の老中《ろうじゅう》）と西丸年寄の合議制による二元政治が続いた。寛永九年に秀忠が亡くなると、幕府直轄軍団の再編、年寄の月番制や若年寄《わかどしより》、目付《めつけ》、大目付《おおめつけ》の創設、寛永十二年武家諸法度で参勤交代《さんきんこうたい》を義務づけるなど、大々的な幕政改革を行った。

家光による江戸築城は、寛永元年に行った秀忠隠居城である西の丸の改築と殿舎建築が最初であった。一方、城下町を取り囲む外堀の工事では、寛永六年に江戸城東方の外郭門枡形石垣修築が行われた。この普請は後に説明する寛永十三年の江戸城築城の総仕上げ工事に先立つものであった。

また、江戸城の本丸改造にも着手している。寛永十二年には本丸東側の二の丸の拡張工事を実施し、本丸別邸としての庭園を拡大し、寛永十四年には本丸改造に伴い梅林坂門と汐見坂門《しおみざかもん》間の石垣上に二の丸東照宮が築かれた。

本丸御殿の改修は寛永十四年正月に始まり、同年七月に完成した。天守は福岡藩主黒田忠之《ただゆき》、広島藩主浅野長晟を中心として石垣が築かれ中井家による天守の建築が始まり、寛永十五年十一月に完成した。その規模は、高さが七間（約一三・八メートル）、石垣天端の平面規模が一九間六尺（約三九・二メートル）×一七間五尺（約三五・〇メートル）で、安山岩によるものであった。天守は総高が一四八尺（四四・八メートル）、石垣と合わせると五八・六メートルにも及ぶものであった。地下一階の穴蔵と五重の天守は、白漆喰の壁面装飾、銅瓦葺きの豪壮な建物で、それまでの石落としや鉄砲狭間を排した建築物であった（平井・伊東一九九二）。

表7　寛永6年の石垣普請（寄方大名）

大名	旧国名	藩名	大名	旧国名	藩名
松平正綱	相模	甘縄	戸田氏鉄	摂津	尼崎
松平忠隆	美濃	加納	松平重直	摂津	三田
岡部長盛	美濃	大垣	松平康直	和泉	岸和田
徳川忠長	駿河	駿府	徳川頼宣	紀伊	和歌山
松平忠利	三河	吉田	松平成重	丹波	亀山
本多忠利	三河	岡崎	松平忠国	丹波	篠山
板倉重昌	三河	深溝	小笠原忠真	播磨	明石
松平清直	三河	形原	本多忠政	播磨	姫路
水野忠清	三河	苅屋	本多政朝	播磨	姫路
本多俊次	三河	西尾	本多忠義	播磨	姫路
徳川義直	尾張	名古屋	小笠原長次	播磨	龍野
松平定行	伊勢	桑名	水野勝成	備後	福山
三宅康信	伊勢	亀山	北条氏重	遠江	久能
松平定房	伊勢	長島	高力忠房	遠江	浜松
井伊直孝	近江	彦根	水野忠直	三河	
菅沼定芳	近江	膳所	松平清昌	三河	西郡
松平定綱	山城	淀	最上義俊	三河	
松平忠明	大和	郡山	水野冗綱	三河	
松平家信	摂津	高槻	成瀬之成	三河	
					合計38家

寛永六年外堀普請

寛永六年（一六二九）の江戸城築城は、前年に起きた大地震後の修復工事であった。普請を命じられた大名は、徳川御三家をはじめ七〇家以上にのぼる。工事箇所は、西の丸大手、吹上、山里門《やまざともん》、伏見櫓等の西の丸、和田倉

表8　寛永6年の石垣普請（築方大名）

大　名	旧国名	藩　名	大　名	旧国名	藩　名
南部利直	陸奥	盛岡	大久保忠任	武蔵	騎西
伊達正宗	陸奥	仙台	酒井忠勝	武蔵	川越
相馬義胤	陸奥	中村	水野忠善	下総	山川
内藤政長	陸奥	岩城（平）	永井尚政	下総	古河
佐竹義宣	出羽	秋田	小笠原政信	下総	関宿
岩城官隆	出羽	亀田	土井利勝	下総	佐倉
六郷政乗	出羽	本荘	酒井頂澄	下総	生実
戸沢政盛	出羽	新庄	土屋利直	上総	久留里
酒井忠勝	出羽	庄内	松平忠誼	上総	佐貫
酒井忠重	出羽	村山	西郷正員	安房	東条
酒井直次	出羽	左沢	内藤正勝	安房	勝山
鳥居忠恒	出羽	山形	堀直寄	越後	村上
上杉定勝	出羽	米沢	溝口官直	越後	新発田
徳川頼房	常陸	水戸	溝口政一	越後	沢梅
浅野長韮	常陸	笠問	牧野忠成	越後	長岡
秋田俊季	常陸	宍戸	松平光長	越後	曲田
皆川隆甜	常陸	府中	本多成誼	越前	丸岡
西尾忠昭	常陸	土浦	松平忠昌	越前	福井
新庄直好	常陸	麻生	松平直基	越前	勝山
水谷勝隆	常陸	下館	松平直政	越前	大野
大関品増	下野	黒羽	松平直良	越前	木本
那須資韮	下野	那須	佐久間安長	信濃	飯山
堀親良	下野	烏山	佐久問勝之	信濃	長沼
細川興昌	下野	茂木	真田信之	信濃	松代
稲葉正勝	下野	真岡	真田信政	信濃	埴科
奥平忠昌	下野	宇都宮	真田信重		
日根野吉明	下野	壬生	松平忠利	信濃	小諸
本多忠純	下野	榎本	井上正利	遠江	横須賀
榊原忠次	上野	館林	松平忠房	三河	吉田
真田信吉	上野	沼田	土方雄氏	伊勢	菰野
秋元泰朝	上野	総社	京極高通	丹後	峰山
酒井忠世	上野	前橋	浅野成晟	安芸	広島
安藤重長	上野	高崎	加藤忠広	肥後	熊本
酒井忠行	上野	板鼻	内藤忠頂	常陸	
井伊直勝	上野	安中	青山幸成	常陸	
					合計70家

門・桜田門といった江戸城内郭門の修復であった。この時に西の丸と的場曲輪を分ける堀を築き、西の丸西方の堀を埋めて庭園を造り、西の丸を現在の形状まで拡大した。これは大御所秀忠の居城整備であり、以後西の丸は前将軍の隠居城とされた。

また、日比谷門、数寄屋橋門、鍛冶橋門、呉服橋《ごふくばし》門、常盤橋門、神田橋門、一橋門、雉子橋門など江戸城東方の外郭諸門の枡形石垣の建造が行われた。同時に雉子橋から日比谷門までの大手町と丸の内を取り囲む外堀の石垣構築と浚渫《しゅんせつ》（堀底の掘削《くっさく》）も行われた。その石垣延長は一七五〇間（約三・二㌔）、総坪数は四万四五三三坪（約一四万七〇〇〇平方㌔）という大規模なものであった。

この工事を示す江戸図としては、寛永九年の「武州《ぶしゅう》豊嶋郡《としまぐん》江戸庄図」（図22）がある。この図をみると、本丸や北の丸、西の丸といった内堀の塁線には細かい屈曲があり、石垣を表現している。一方、外堀では雉子橋門から鍛冶橋門までの塁線は丸みを帯びており、それまでの土手のままであるのに対して、その南側の鍛冶橋門から数寄屋橋門を経て日比谷門に至る堀は屈曲した塁線となり、石垣を表現しているものと思われる。このことから、この時期の外堀の石垣構築は、日比谷入江埋立地の軟弱地盤であった鍛冶橋門以南の範囲を中心にして行われたものと推定される。

一方、山下門から幸橋《さいわいばし》門を経て虎ノ門に至る堀は直線的で門も枡形となっていない。

このことから、この時の外郭範囲は大名小路を取り囲む範囲に留まり、雉子橋から虎ノ門に至る堀全体が石垣となるのは、寛永十三年の普請を待たなければならない。

この工事の特徴は、石垣を築く「築方《きずきかた》」（表8）と伊豆から石材を調達する「寄方《よせかた》」（表7）に分けたことである。築方は七組に分け、関東・信越《しんえつ》の大名を中心としており、例外的に熊本藩加藤家と広島藩浅野家が命じられている。寄方は、主に三河《みかわ》以西の親藩《しんぱん》・譜代《ふだい》大名が担当している。寛永六年の徳川御三家や三河以西の大名の石丁場は、従前の大藩石丁場と抵触しない形で設けられ、土佐藩山内家など石丁場を持つ大名は石材を献上していたことが史料から確認される（北原一九九九）。

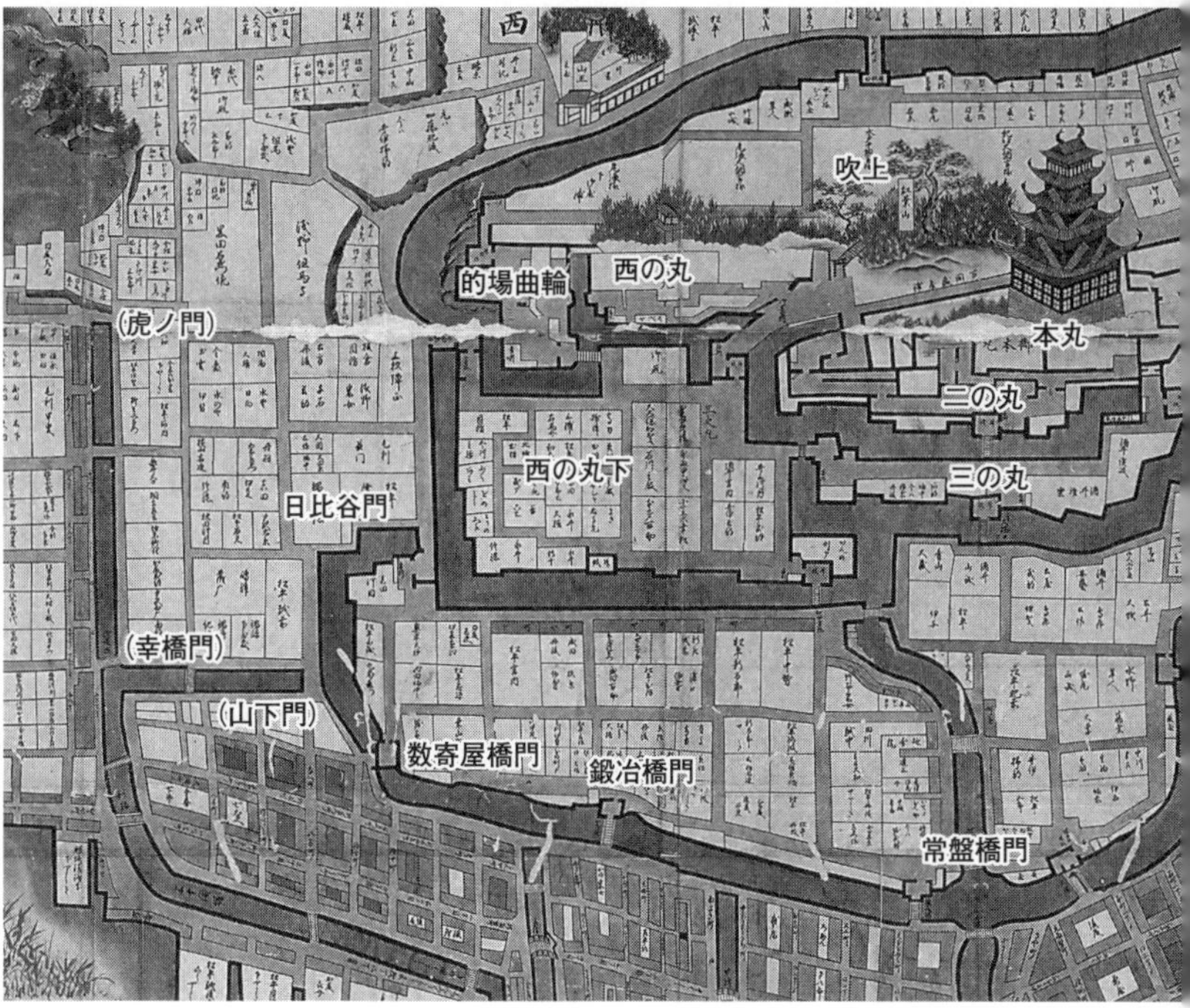

図22　「武州豊嶋郡江戸庄図」（部分，寛永9年版の写，『東京誌料』東京都立中央図書館所蔵，加筆）

日比谷門の枡形石垣は現存しないが、その南側に続く堀石垣が日比谷公園心字池《しんじいけ》に残る。日比谷門は寛永六年に伊達政宗により、それに続く南方の堀石垣（心字池脇）は浅野家によって築かれた。

日比谷門跡の発掘調査

伊達家では芝口《しばぐち》（数寄屋橋門）と日比谷門の枡形石垣、山手の堀と石垣（半蔵門両脇の土塁上の鉢巻石垣）一二〇間（約二三五メートル）などの工事を請けた。このうち日比谷門は、二月二十四日に縄張し、六月十一日に石垣が完成している。

日比谷門の石垣発掘調査（千代田区教育委員会二〇〇一）では、枡形石垣の根石部が発見された。この石垣からは、伊達家を示す「㊇」が認められた。この刻印は心字池沿いの石垣にも認められる。仙台藩伊達家上屋敷がこの時期にこの地に隣接して与えられていることから、伊達家が日比谷門および周辺の堀石垣を担当したのであろう。

また、伊豆半島西海岸の戸田《へだ》村（静岡県沼津市）に寛永六年に切り出された築城石の残石目録が残っている（「勝呂家文書」）。この記録によると、小口（表面）の縦横が二尺〜二尺五寸（約六〇〜七五センチ）、控え（奥行き）が三尺〜四尺五寸（九〇〜一三五センチ）に分布することから、城郭用切石として規格的に切り出されていたのであろう。さらに同じ戸田村にある紀州藩の丁場に残された石には作り角石、作り角脇石、荒角石《あらすみいし》、荒角脇石、荒升形、平石、大割石《おおわりいし》という記載がある。このことから、角石と角脇石については、荒削りされたものだけでなく、この時期には石材切出し時に精緻加工されたものもあったことがわかる（北原一九九五）。

常盤橋門跡の発掘調査

奥州道中に続く常盤橋門は、慶長七年（一六〇二）の「別本慶長江戸図」では「浅草口」と書かれ、江戸五口のひとつに数えられる重要地点であった。慶長十一年の天下普請で大手門に続く江戸城外郭正門として建造された。「江戸始図」には土塁による枡形形状であったが、寛永六年（一六二九）に出羽・奥羽の大名によって石垣による枡形門が築かれた。常盤橋門跡は、枡形と堀護岸の石垣が残り、そのほかに左右岸の橋台（橋の両端を支える基礎）石垣と木橋橋脚が東日本大震災（二〇一一年）の際の修復工事で発見された。この常盤橋門跡は枡形と橋台、橋の一部が残ることから、内郭門も含めて江戸城城門の形状を最も良く知ることができる遺構である。「江戸城御外郭御門絵図」（東京都立中央図書館所蔵）によると、枡形内法は一三間×一五間（京間〈西日本の寸法〉、約一五・六×二九・五メートル）、渡櫓台の高さ三間半（約六・九メートル）となり、枡形前には外堀を渡る橋台と木橋がある。木橋は三本一組で六組、計一八本の橋脚で支えられ、渡り（長さ）二〇間（京間、約三九・四メートル）と長い橋梁であった。

現存する枡形石垣は、昭和初期に一部壊されているものの、絵図に示された規模と極めて近く、高さが約六・二メートルの石垣が残り、門の石垣は切込みハギ、堀護岸は打込みハギで

図23　常盤橋門（『旧江戸城写真帖』より，東京国立博物館所蔵，加筆，出典 ColBase（https://colbase.nich.go.jp/））

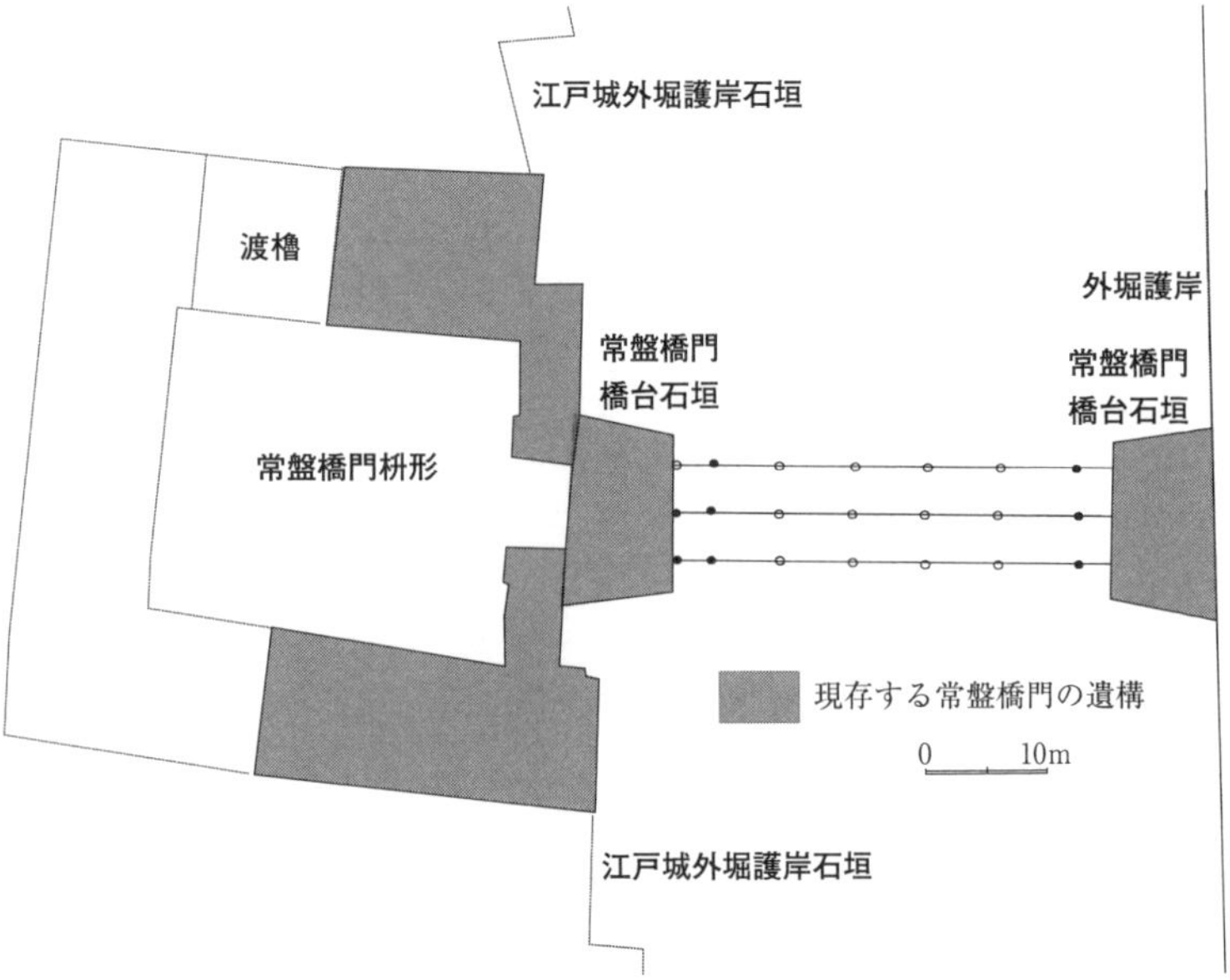

図24　常盤橋門枡形石垣橋台復元模式図（筆者作成）

積まれている。使用された石材は、大半が伊豆半島東岸の安山岩で占められているが、渡櫓台の隅角部には瀬戸内海沿岸の花崗岩が用いられている。

　橋台石垣の根石は、堀底の軟弱地盤を削り、硬い地盤を露出した上に梯子胴木《はしごどうぎ》（梯子状に組んだ木材）を敷き、その隙間に安山岩の割石を充填して基礎としている。石垣前の堀底には基礎を補強するための土丹《どたん》（粘土質の泥岩）塊を置き、石垣を支えていた。また、冠木《かぶき》門に面した堀石垣には、橋台根石を示す「大角止《おおすみどめ》」、橋台天端石を示す「巻出止《まきだしどめ》」と、それぞれに据え付け位置を示す縦線の朱線があった。つまり、枡形門を築いてからその前面の橋台を造ったことをこの朱線が示している。ちなみに発掘の結果、枡形と橋台・木橋の位置が約七度傾いていることが判明した（図24）。これは常盤橋門が外堀の屈曲する位置にあることに起因すると考えられ、このことから江戸城城門は堀など周囲の地形や接続する道などとともに設計されたと考えられる。

　さらに橋台前面には木橋橋脚が右岸で二列五本、左岸で一列六本が発見された。その配置は芯々（柱の中心から中心の間）で約三・六メートル（約一二尺）間隔で、縦断方向に九尺を基準としていたと考えられる。木橋は径約四三〜四八センチ、五〜六面に面取りをしていた。発見された常盤橋門の左右橋台間の延長は約三五・二七メートルであった。これは享保二年（一七一七）の「江戸城外郭御門絵図」に記された橋の渡り（延長）が二〇間（約三六・三六メートル）

であることから、記録と遺構のあり方はほぼ一致しているといえよう。

寛永十二年の二の丸拡張と東照社建設

『東武実録』によると、寛永七年に「二ノ丸御庭」を設けた記事がみられ、この時に築山や泉水をかけて釣殿、茶屋を建てた（四月二十二日条）。この築庭《ちくてい》の位置が明確ではないが、二の丸と三の丸を画する堀の形状が、慶長期の「江戸始図」では土手であったのに対して、寛永九年と伝わる

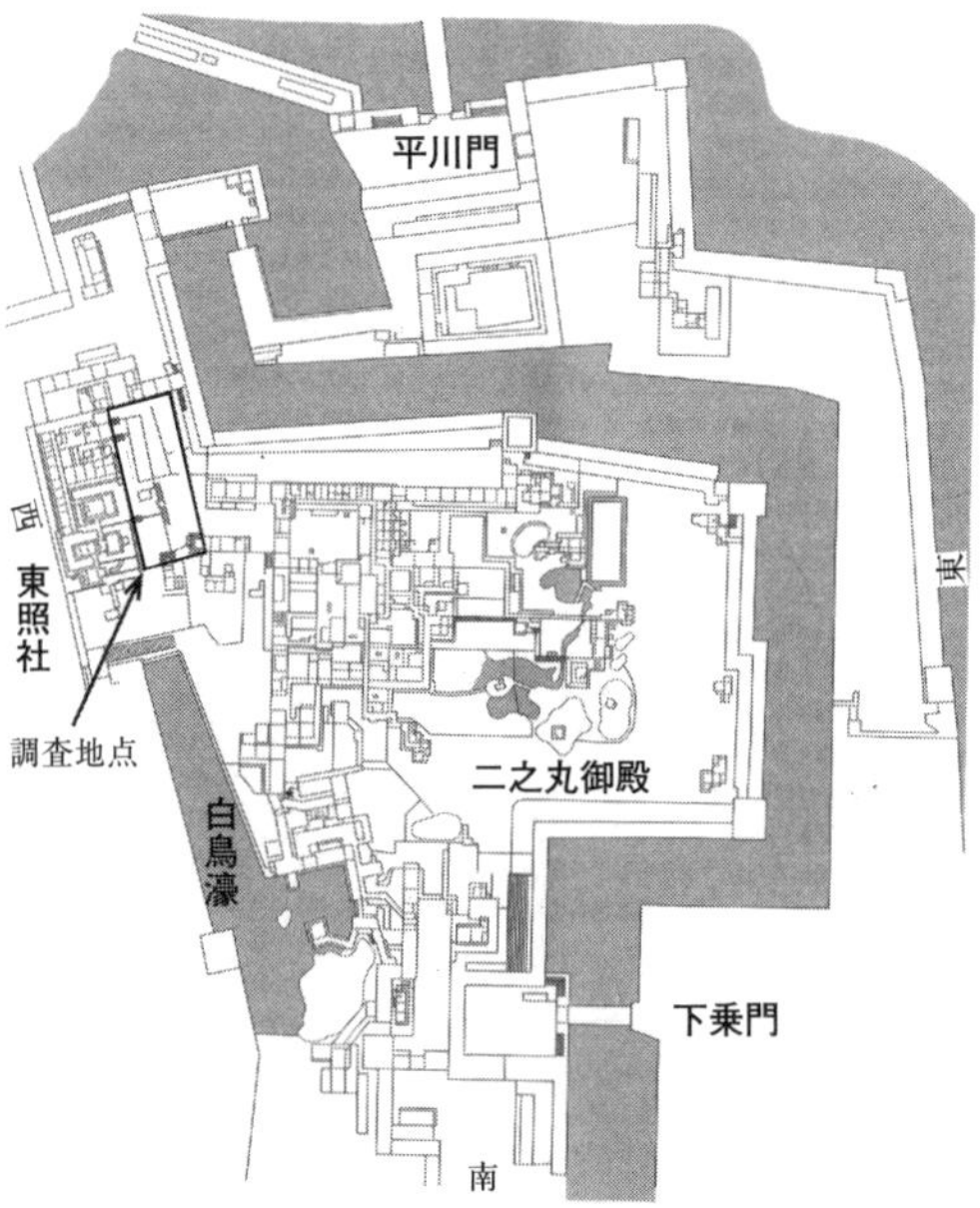

（筆者トレース）

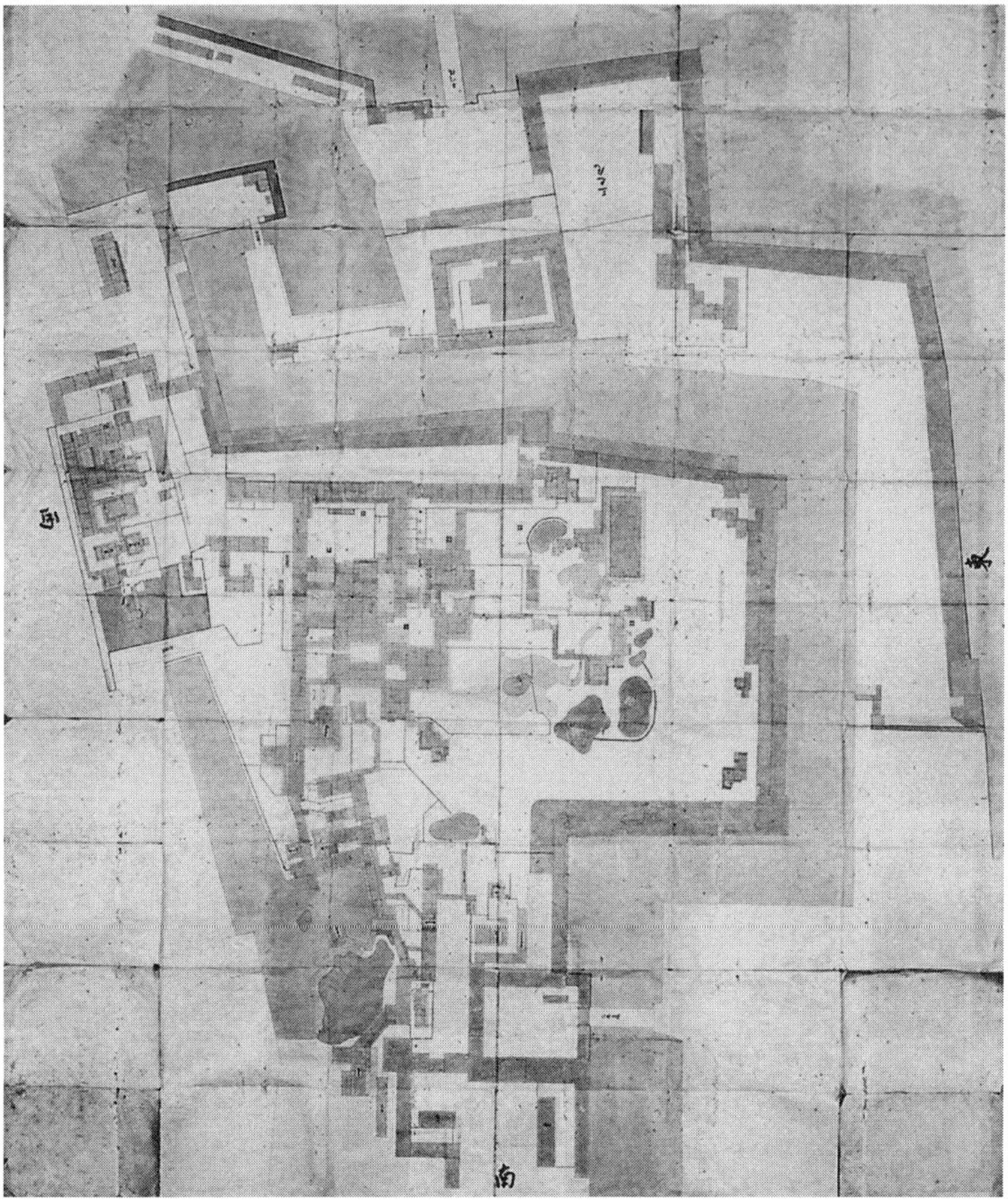

図25　「寛永十二亥年二之御丸指図」（東京国立博物館所蔵，Image: TNM Image Archives）

「武州豊島郡江戸庄図」では石垣を思わせる直線と角折れの表現をとっていることから（図22）、この庭園造営に伴い堀も造り変えられたと考えられる。

さらに寛永十二年に三の丸にあった老中酒井《さかい》忠世《ただよ》邸など家臣の屋敷を城外へ出し、二の丸を東へ拡張させて新たに築き直した。この工事では津藩主藤堂高次らが助役にあたり、二の丸の泉水や石垣、下乗門桝形、台所櫓（三重櫓）など、将軍別邸である庭園を中心とした二の丸が造りなおされた。同十三年に二の丸御殿が完成し、翌年には本丸改造で新たに天守や本丸御殿が建設され、天守台脇にあった東照宮が汐見・梅林坂間の石垣上に移築された。この工事によって本丸から三の丸が完成し、建築物の増改築があるものの、その構成は幕末まで変わることがなかった。

汐見梅林坂間石垣の修理では、高さ約四メートルほど解体したところで東照社の遺構が発見された。それは石垣にのぼる階段、石垣上の建物礎石とその周囲にある黒色の玉砂利《たまじゃり》の路面であった。礎石は南北方向に一〇列（本来は一二列あったと考えられる）、約二二メートルの広がりを持つ（千代田区立四番町歴史民俗資料館二〇一一）。東京国立博物館所蔵の「寛永十二亥年二之御丸指図」（図25）には、「御宮」「御拝殿」と記された東照社の建物がみえ、この建物を中心として相ノ間（弊殿）や御供所、本地堂などの建物群が置かれていた。また、二の丸側からの出入りは、南方に二ヵ所、東方石垣に接して階段が設けられ、階段を登って東照社に至る構造となっており、発見された遺構はこれらの建物に対応するものであろう。

この東照社は承応三年（一六五四）に廃止され、その建物の一部は川越仙波東照宮に移築されたという。

二の丸普請によって「白鳥濠」はほぼ現在のような範囲まで縮小されるとともに、堀の一部は二の丸庭園泉水の一部に取り入れられている。二の丸拡張で縮小された三の丸は、平川門内に寛永二十年に完成した小規模な御殿があるものの、大半は本丸・二の丸を守る曲輪としての位置づけとなった。

江戸城惣構の完成

修築の経過

中近世城郭の惣構とは、城だけではなく城下町も含めて堀や土塁、石垣で囲んだ城郭構造である。十五世紀末から十六世紀前半に三重の外郭線を設けた山科本願寺《やましなほんがんじ》（京都市）が最も古いといわれる。城郭では河内《かわち》守護畠山《はたけやま》氏が十五世紀後半〜十六世紀前半に築いた高屋《たかや》城（大阪府羽曳野《はびきの》市）や、荒木村重《あらきむらしげ》が十六世紀後半に築いた有岡《ありおか》城（兵庫県伊丹《いたみ》市）が嚆矢とされ、近畿地方では十六世紀後半までには惣構が完成したという。

一方、東日本では有名な北条氏の小田原城惣構が豊臣秀吉による小田原征伐に備えて建設された。これは二里半（約九キロ）の空堀と土塁で城下を囲むものであった。秀吉の大坂城では文禄三年（一五九四）に東横堀川など自然地形を利用して外郭を取り囲む惣構が完成し、これ以後、岡山城や広島城、金沢城といった主要な近世城郭で一般的な構造となっていった。

寛永十三年（一六三六）の江戸城外堀普請は、中世以来の城造りを得意とした東国大名には台地を刻む谷などを利用して土の堀を築かせ、織豊城郭など石造りの城を経験した西国大名には低地に石垣を築く堀を担当させた。これは、東国大名は石積みの経験が少ないためであり（小和田一九七九）、西国大名の持つ技術を駆使しながら、一方で関東の譜代大名に技術や組織体制を習熟させるという目的もあったとされる（煎本一九七九）。

江戸城では築城の最終段階にあたる寛永十三年の外堀普請で惣構が完成した。この工事ではすでに元和四年（一六一八）に駿河台を掘り割って完成していた神田川を惣構に取り込み、寛永六年の鍛冶橋門から数寄屋橋門までの石垣工事に加えて、雉子橋門から虎ノ門に至る江戸城東方の外堀を総石垣とした。また、江戸城西方に広がる台地を刻む平川支谷の紅葉川と溜池支谷を利用して、牛込門から赤坂門に至る外堀を築き、江戸城西方地域を郭内に取り込んで惣構としたのであった（図26）。そのほかに江戸城外堀にある一六ヵ所の外郭門の枡形石垣も構築されている。

この普請では関東・奥羽の大名五二家を「堀方《ほりかた》」七組（表10）に編成して江戸城西方の堀を構築させ、西国・四国の大名六一家は「石垣方」六組（表9）に編成して江戸城東方

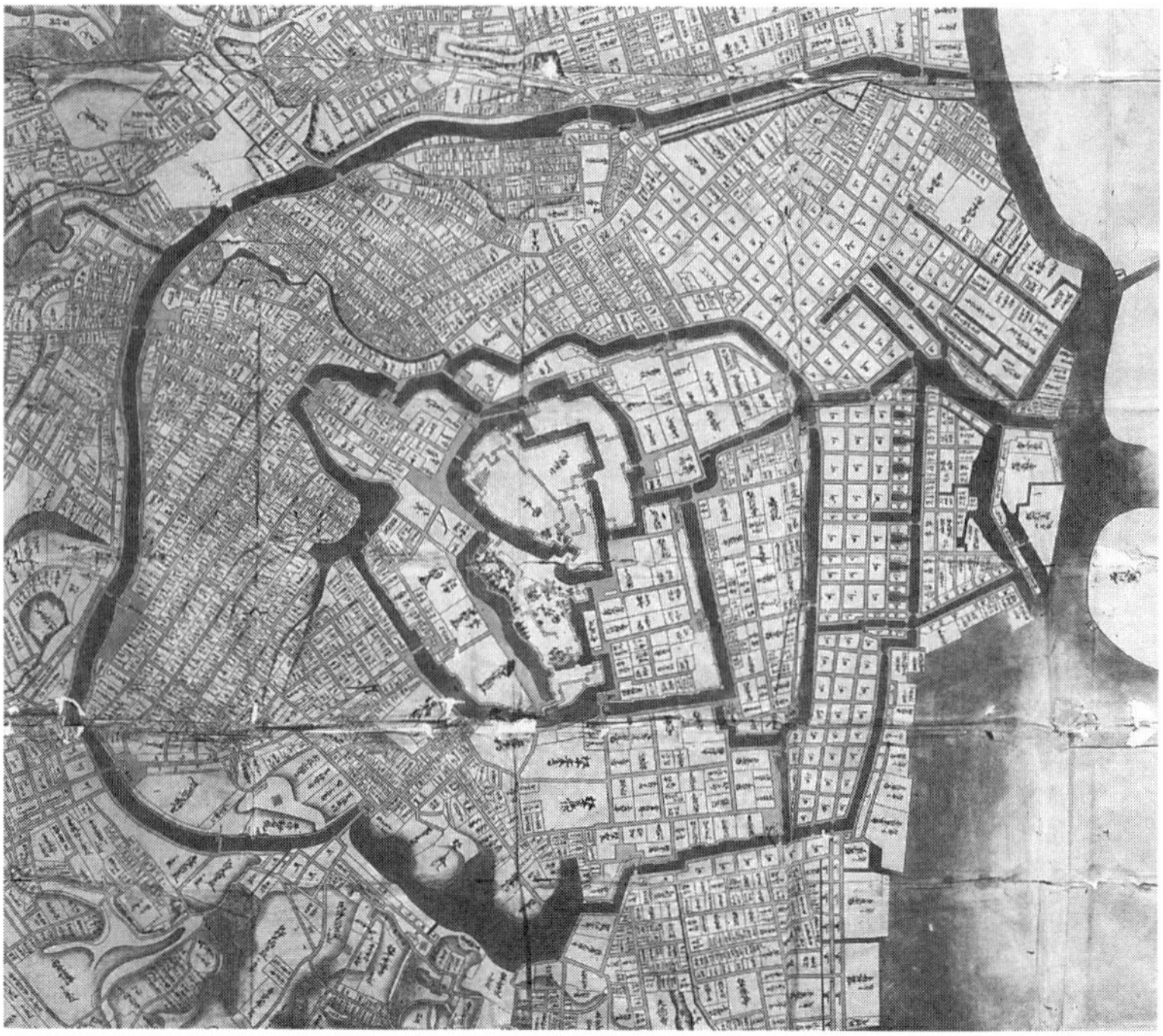

(臼杵市教育委員会所蔵)

図26 「寛永江戸全図」(部分) ①〜⑨調査地点

の堀に石垣を築かせるという、合わせて百家を超える大名を動員する体制が敷かれた。総計一四五万六〇〇〇坪余り（石垣方三万一〇六坪、掘方一四万五九七六坪）に及ぶ、江戸城普請のなかでも最大級の工事であった。

石垣方の工事は寛永十三年正月八日に着手し、工事終了の目処がついた三月から堀方の工事が開始された。工事終了は石垣方が四月、堀方が七月頃に終了したとされ、それぞれ半年にも満たない期間で終了している。この工事期間自体は短いが、石垣方では一年以上前からその準備作業が始まっていた。熊本藩では寛永十一年十一月頃に幕府から普請役を伝えられ、翌年正月から十一月までの一年間近くの日数をかけて伊豆で石を切り出して江戸へ搬送していたのであった。

ここでは、江戸城外堀跡の発掘調査成果をもとに寛永十三年の堀普請や城門整備の実態を確認していこう。

江戸城外堀呉服橋門から数寄屋橋門に至る石垣普請

江戸城の東方に広がる低地での石垣普請をみていく。『細川家文書』（「綿考輯録」四）には石丁場の受持大名が記されている。この史料によれば、普請組は六組に編成され、一手持ちの金沢藩前田利常《としつね》（一組）を除き、組頭《くみがしら》配下に数万石の大名を配置して各組は石高の合計が五〇万石余りとなるように編成されていた（表9）（北原一九九九）。代表となる組

組	大名	旧国名	藩名	枡形普請箇所	大名石高（万石）	組全体石高（万石）
五組	黒田忠之	筑前	福岡	赤坂枡形	43.3	99.8
	黒田高政	筑前	東蓮寺		4.0	
	黒田長興	筑前	秋月		5.0	
	土方雄高	伊勢	菰野		1.2	
	谷衛政	丹波	山家		1.0	
	小出吉親	丹波	園部		2.9	
	小出吉英	但馬	出石		5.0	
	杉原重長	但馬	豊岡		2.5	
	蒔田広定	備中	浅尾		1.0	
	伊東長昌	備中	岡田		1.0	
	加藤泰興	伊予	大洲		6.0	
	寺沢堅高	肥前	唐津		12.3	
	松浦隆信	肥前	平戸		6.3	
	大村純信	肥前	大村		2.7	
	松倉重次	肥前	島原		4.3	
	宮城豊嗣	但馬	清富		1.3	
六組	鍋島勝茂	肥前	佐賀	久保町枡形	35.7	104.9
	遠藤慶利	美濃	八幡		2.7	
	織田信友	大和	松山		3.1	
	織田尚長	大和	柳本		1.0	
	織田信勝	丹波	柏原		3.6	
	青木重兼	摂津	麻田		1.0	
	京極高三	丹後	田辺		3.5	
	京極高広	丹後	宮津	喰違小枡形	7.8	
	古田重恒	石見	浜田		5.0	
	生駒高俊	讃岐	高松		17.1	
	一柳直盛	伊予	西条		6.8	
	伊達秀宗	伊予	宇和島		10.2	
	久留島通春	豊後	森		1.4	
	秋月種春	日向	高鍋		3.0	
	島津忠興	日向	佐土原		3.0	

地下鉄７号線溜池・駒込間遺跡調査会1994b をもとに作成

表9　寛永13年江戸城普請大名（石垣方）

組	大名	旧国名	藩名	枡形普請箇所	大名石高（万石）	組全体石高（万石）
一組	前田利常	加賀	金沢	筋違門枡形・櫓台	119.9	119.9
二組	松平忠昌	越前	福井	浅草橋・櫓台	52.5	103.2
	松平直良	越前	勝山		2.5	
	松平直基	越前	大野		5.0	
	本多成重	越前	丸岡		4.3	
	九鬼隆季	丹波	綾部		2.0	
	毛利秀就	長門	萩	四谷枡形	36.9	
三組	細川忠利	肥後	熊本	御成橋枡形	54.1	128.1
	蜂須賀忠英	阿波	徳島	牛込枡形	25.7	
	森長継	美作	津山	市谷枡形	18.6	
	稲葉紀通	丹波	福知山		4.5	
	稲葉一通	豊後	臼杵		5.0	
	立花種長	筑後	三池		1.0	
	立花宗茂	筑後	柳川		10.9	
	木下延俊	豊後	日出		3.0	
	有馬直純	日向	延岡		5.3	
四組	池田光政	備前	岡山	小石川枡形	31.5	101.9
	池田光仲	因幡	鳥取	溜池櫓台	32.0	
	池田輝興	播磨	赤穂		3.5	
	池田重政	播磨	新宮		1.0	
	池田長常	備中	松山		6.5	
	山崎家治	備中	成羽		3.0	
	戸川正安	備中	庭瀬		2.2	
	松平輝澄	播磨	山崎		6.3	
	建部政長	播磨	林田		1.0	
	平岡重勝	美濃	徳野		1.0	
	桑山一玄	大和	新庄		1.3	
	九鬼久隆	摂津	三田		3.6	
	毛利高直	豊後	佐伯		2.0	
	中川久盛	豊後	岡		7.0	

頭は「国持《くにもち》大名」と呼ばれる一国以上の領地を持つ大身の大名で、主に豊臣家家臣の外様大名であった。

このような編成によって、雉子橋から虎ノ門までの総延長約五・五キロの堀石垣と一一カ所の外郭城門石垣や溜池櫓台石垣を築いていったのである。堀石垣の規模は三万一〇六坪余りで、三尺（九〇センチ）四方の石材とすると二四万個の石、二尺（六〇センチ）四方では八一万個が、この工事によって伊豆から運ばれたこととなる。熊本藩だけでも伊豆からの石材搬送は、五〇二回に及び、総数一万三四五二個を調達していることが記録されている。これだけでもこの普請が大規模であったことがわかる。

福岡県柳川古文書館の『立花家文書』には「石垣方普請丁場図」と題した絵図がある。この絵図には、上段に組頭の範囲、下段に各大名の丁場（工事）区域が示されており、石垣隅角部間の距離（間数）が記載されている。公儀普請による石垣の普請図面では大坂城や二条城などが残っているが、江戸城の普請丁場図は極めて少なく、この図は具体的な普請体制はもとより、発掘成果との照合が可能な図として重要な史料である。

千代田区では、呉服橋門跡南側（図26①）と数寄屋橋門跡北側（図26②）の外堀石垣の発掘調査を行った。『立花家文書』と発掘成果から具体的な工事状況を探ってみよう。

丸の内一丁目遺跡は、二度の調査によって鍛冶橋門北側の堀石垣延長約二〇〇メートルが発掘

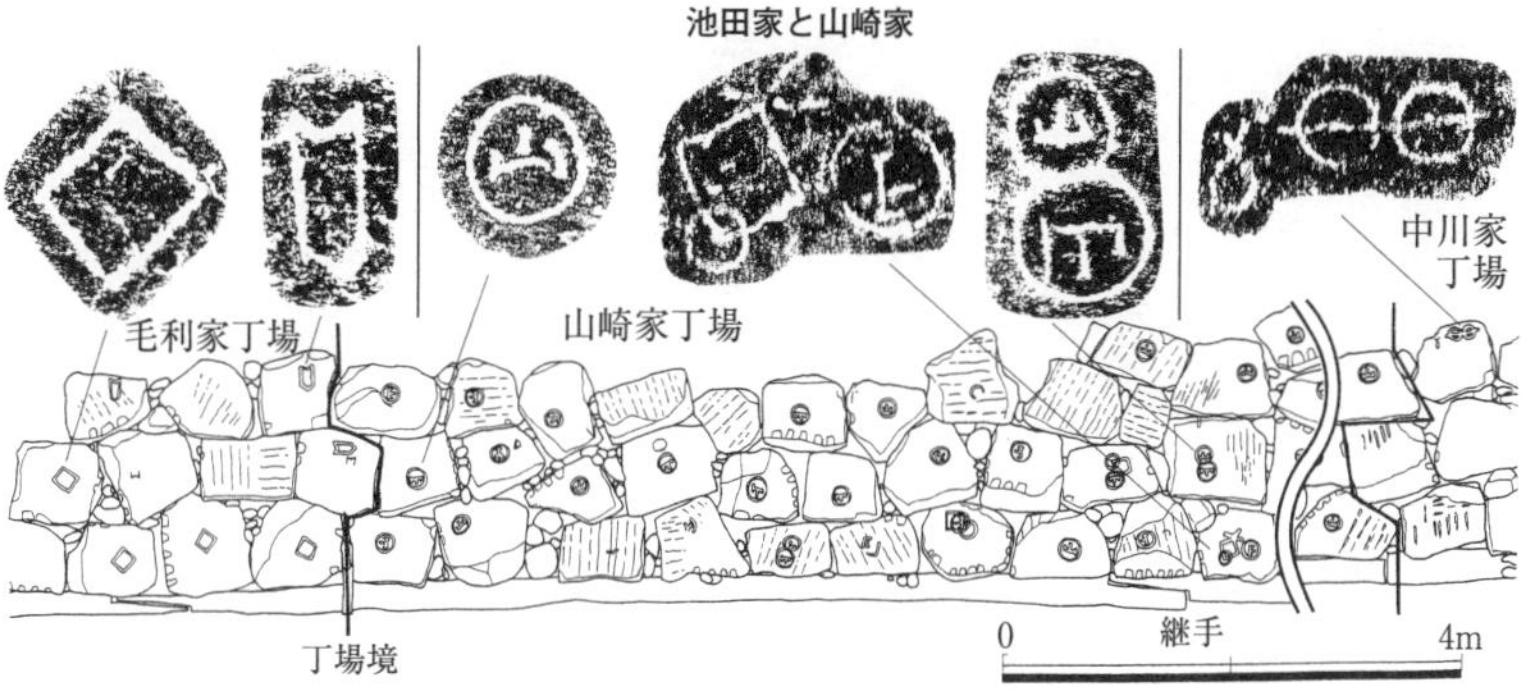

図27　丸の内一丁目石垣刻印分布（千代田区丸の内１―40遺跡調査会1998をもとに著者作成）

された。『立花家文書』との関係では、石垣方四組の岡山藩主池田光政《みつまさ》組と、五組の福岡藩主黒田忠之組に該当し、計八家の大名丁場を調査したこととなる（表9）。組頭の丁場範囲では、黒田家が「⊙（裏銭紋）」、池田家が「◇」であったことが判明した。さらに配下の毛利家では家紋である「矢筈《やはず》紋」、山崎家では「山⃝」、中川家では「⊖⊖（串団子）」、小出家では「二八」がみられ、各丁場で特徴的な刻印を示している。これらは大坂城の刻印調査による普請大名と一致している。

　図27にはその一部の石垣立面図を示した。この範囲は池田光政組の毛利家、山崎家、中川家の丁場範囲である。まず、各大名の丁場範囲にはそれぞれ特徴ある刻印がみられるほか、毛利家や山崎家の丁場には池田家を示す「◇」刻印がみられる。特に山崎家では池田家と毛利家の両者の刻印が確認できる。

このことから、組頭が各大名の不足石材などを融通していた可能性も考えられる。

さらにこの図の土台をみると、通常隣り合う土台同士を繋ぐのに土台の上下を切り欠いて繋げる「継手《つぎて》」と呼ばれるものがあるが、刻印が替わる位置の土台にはこの継手がなく、その前方には丁場境を標示する杭が打たれていた。丁場境の土台には「南ノはた」「南」「ノはた」が刻まれ、隅角部にも「申《さる》ノ出角《でずみ》」「□すみ」などの文字が刻まれていた。これらのことから、土台を敷く時点でまず丁場境や隅角部が定められたことがわかる。

ところで、鍛冶橋門北側の堀石垣の高さは四間（約七・九メートル）と記録されているが、発見された石垣は二～三段積みで地中に埋められた根石《ねいし》であったことがわかる。石垣の後方には裏込石、前方には根固石《ねがため》（根石を固める石）があり、頑丈な基礎構造であった。石垣の積み方は直方体に近い石材を用いた打込みハギで、伊豆半島の安山岩で築かれているが、小出家の丁場では角石に花崗岩が利用されていた。

江戸城外堀虎ノ門・溜池櫓台間堀石垣普請

次に江戸城外堀南端の虎ノ門周辺の石垣の発掘調査（図26③）を説明する。文部科学省内には三ヵ所の外堀石垣が、外堀通りを挟んだ場所に江戸城外堀に珍しい櫓台石垣が残る（図28）。これは内藤家上屋敷に隣接した二ヵ所の隅櫓《すみやぐら》のうちのひとつである。ほかに中山道《なかせんどう》の拠点である筋違門《すじかいもん》の脇と奥州道の浅草橋門脇にも隅櫓が配置されていた。この溜池櫓台は唯

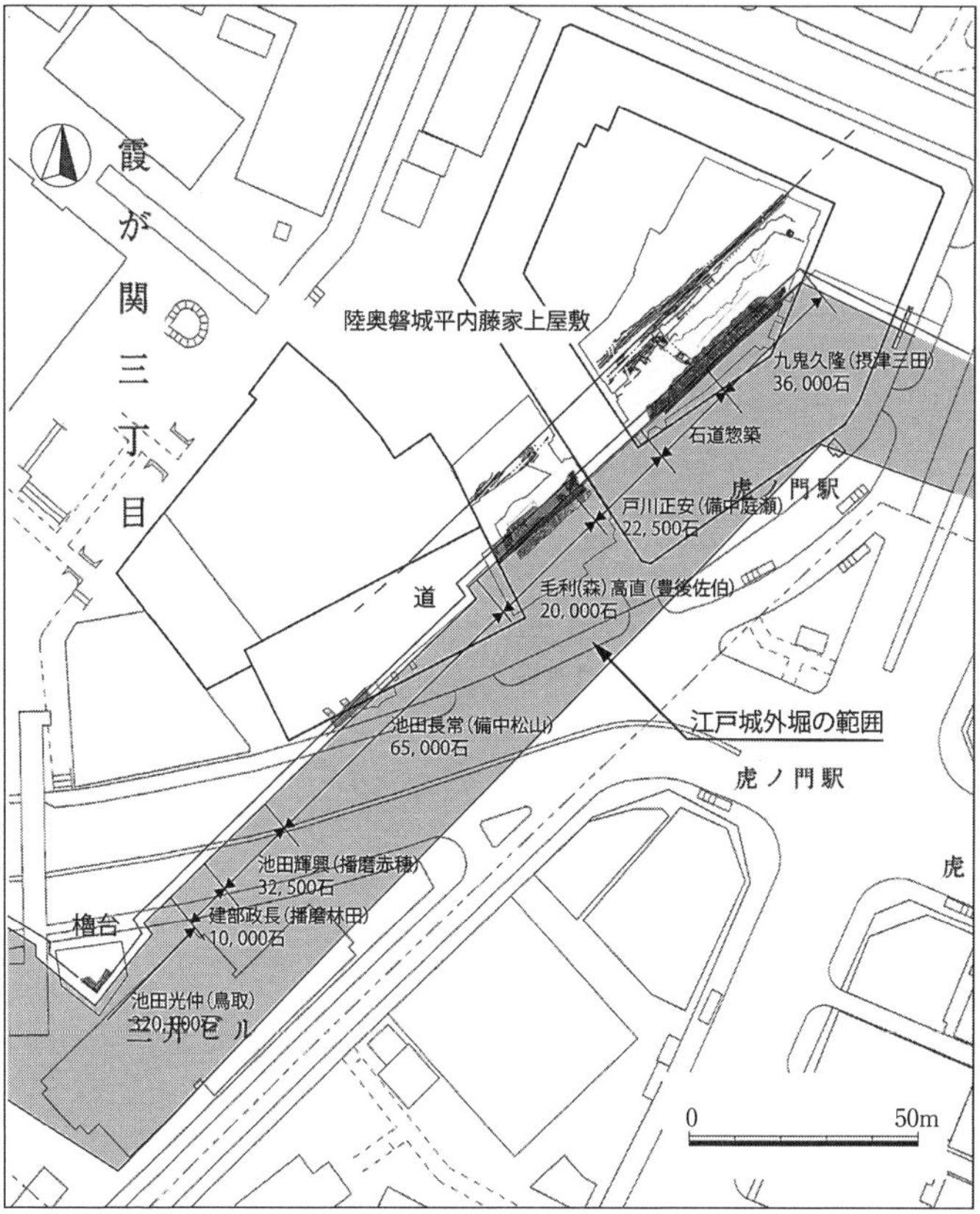

図28　虎ノ門・溜池櫓台間堀石垣丁場範囲（文部科学省構内遺跡調査会2005より）

一江戸城外堀に現存する遺構である。虎ノ門および隅櫓のある場所は、外桜田門を基点とする小田原道《おだわらどう》、後の中原街道《なかはらかいどう》の拠点であり、先の「別本慶長江戸図」の江戸五口のひとつでもあった。『立花家文書』によると、丸の内一丁目遺跡と同じく池田光政を組頭とする石垣方四組に属し、図28のように各大名が丁場を割り振られていた。

発見された石垣の刻印は、九鬼家《くきけ》丁場範囲では「九」、毛利家丁場範囲には家紋である「矢筈紋」があり、戸川家と毛利家の丁場境では、土台木が途切れてその前方に榜示杭《ぼうじぐい》が打たれ、この丁場境で刻印の種類が明確に分かれていた。石道惣築《いしみちそうきずき》の範囲では、稲葉家家紋の「折敷に三文字」や九鬼家を示す「九」、前田家を示すと思われる「松葉《まつば》」など多数の刻印が認められた。これは同一組内の大名だけではなく、さまざまな場所から用意された石が使用されたことを示している。

伊豆石丁場での採石

寛永十三年（一六三六）の伊豆石丁場は、慶長期に開かれた小田原の早川《はやかわ》新丁場から真鶴《まなづる》を経て稲取《いなとり》までの東海岸と沼津周辺の西海岸が再度使われた（図13）。この時期の採石は江戸城石垣普請と同様に組編成がなされていたことが特徴である。宇佐美《うさみ》村および網代《あじろ》村（現在の静岡県熱海市・伊東市）での採石では、石垣普請三組組頭の細川家、組下の立花宗茂《たちばなむねしげ》と立花種長《たねなが》のほか、徳野藩主平岡重勝《ひらおかしげかつ》と三田藩主九鬼久隆《ひさたか》、庭瀬《にわせ》藩主戸川正安《とがわまさやす》、大和新庄《やまとしんじょう》藩主桑山一玄《くわやまかずはる》が加わっている。

北原糸子氏によれば（北原一九九五）、五万石級以下の小大名は常時伊豆に石丁場を確保することが難しく、大規模な石材調達にあたって石切出しの組編成が必要となり、組下大名の石丁場確保の要請から、細川家などの組頭は石丁場確保に苦心したという。

伊豆の石丁場遺跡では、こうした各大名の石材確保の様子を垣間みることができる。宇佐美北部石丁場群は細川家に関する遺構の多い場所である。標高三五〇メートルのナコウ山山頂丁場には慶長期に開かれた「羽柴越中守石場」（小倉藩主細川忠興）と記した標識石がある。このナコウ山中腹の洞《とう》ノ入《いり》丁場では、稲葉家家紋の「折敷に三文字」と佐伯《さえき》藩毛利家を示す「矢筈紋」の刻印のある石材が尾根を隔てて分布している（杉山二〇一五）。

このように寛永十三年の石垣普請に先立つ石材調達は、慶長期以降大大名家が維持してきた石丁場が活用され、五万石以下の小大名はこれを利用していたことが史料と遺跡から把握された。しかし、細川家の洞ノ入丁場跡で把握された稲葉家と毛利家の丁場跡は、普請丁場には属しているものの、史料による細川家の石丁場の組には属していない。このことは、史料にみられる以上に広く丁場が活用されたか、あるいは石丁場と江戸城の普請丁場が連動していた可能性がある。

組	大　名	旧国名	藩　名	大名石高（万石）	組全体石高（万石）
五組	加藤明成	陸奥	会津	40.0	56.0
	加藤明利	陸奥	二本松	3.0	
	南部重直	陸奥	盛岡	10.0	
	松下長綱	陸奥	三春	3.0	
六組	榊原忠次	上野	館林	11.0	49.0
	相馬義胤	陸奥	中村	6.0	
	内藤忠興	陸奥	平	7.0	
	内藤政晴	陸奥	泉	2.0	
	安藤重長	上野	高崎	6.6	
	牧野忠成	越後	長岡	7.4	
	佐久間勝友	信濃	長沼	1.3	
	井上正利	遠江	横須賀	5.2	
	高木正弘	河内	丹南	1.0	
	山口弘隆	常陸	牛久	1.5	
七組	酒井忠勝	出羽	庄内	14.0	50.0
	酒井忠重	出羽	村山	0.8	
	戸沢政盛	出羽	新庄	6.0	
	井伊直之	上野	安中	3.0	
	前田利孝	上野	七日市	1.0	
	小笠原政信	下総	関宿	2.2	
	堀直寄	越後	村上	10.0	
	堀直升	信濃	須坂	1.0	
	土方雄次	陸奥	窪田	2.0	
	丹羽長直	陸奥	白河	10.0	

地下鉄７号線溜池・駒込間遺跡調査会1994b をもとに作成

表10　寛永13年江戸城普請大名（堀方）

組	大　名	旧国名	藩　名	大名石高（万石）	組全体石高（万石）
一組	伊達政宗	陸奥	仙台	62.5	62.5
二組	松平光長	越後	高田	25.2	52.9
	本多政遂	下野	榎本	2.8	
	真田信吉	上野	沼田	1.0	
	真田信之	信濃	松代	8.2	
	真田信政・信重	信濃	埴科	0.8	
	佐久間安次	信濃	飯山	3.0	
	織田信昌	上野	小幡	2.0	
	溝口宣直	越後	新発田	5.0	
	溝口宣秋	越後		0.6	
	溝口宣俊	越後		0.5	
	溝口宣知	越後		0.4	
	溝口政勝	越後	沢海	1.0	
	溝口助勝	越後		0.3	
	溝口直勝	越後		0.1	
	戸田忠能	三河	田原	1.0	
	北条氏宗	河内	狭山	1.0	
三組	上杉定勝	出羽	米沢	30.0	52.7
	水谷勝隆	常陸	下館	4.7	
	仙石政俊	信濃	上田	6.0	
	松平忠憲	信濃	小諸	5.0	
	松平光重	播磨	明石	7.0	
四組	佐竹義隆	出羽	秋田	20.0	51.2
	岩城宣隆	出羽	亀田	2.0	
	六郷政勝	出羽	本荘	2.0	
	鳥居忠恒	出羽	山形	22.0	
	土岐頼行	出羽	上山	2.5	
	新庄直好	常陸	麻生	2.7	

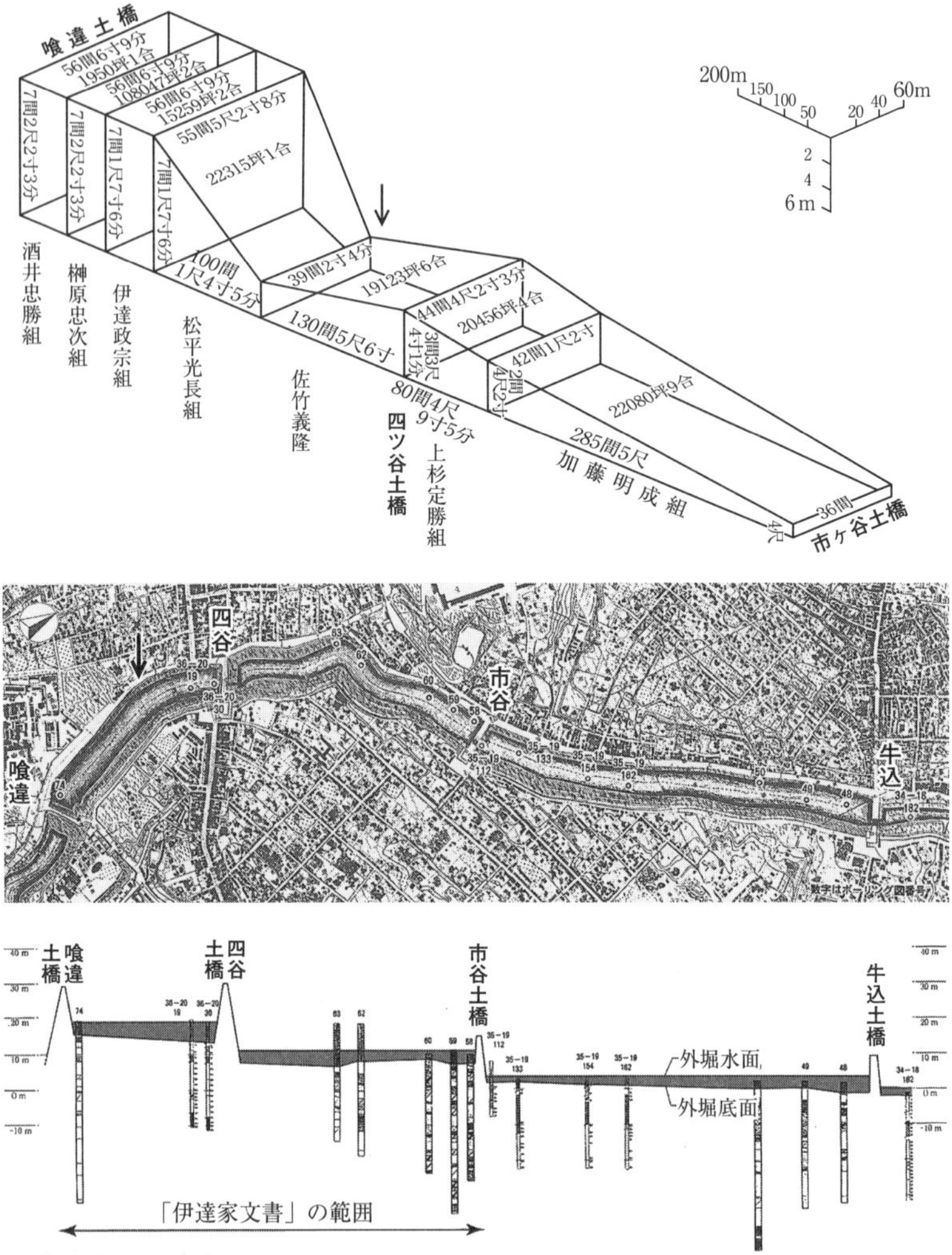

図29　『伊達家文書』による丁場割図と現在の外堀縦断図
（地下鉄7号線溜池・駒込間遺跡調査会1995より）

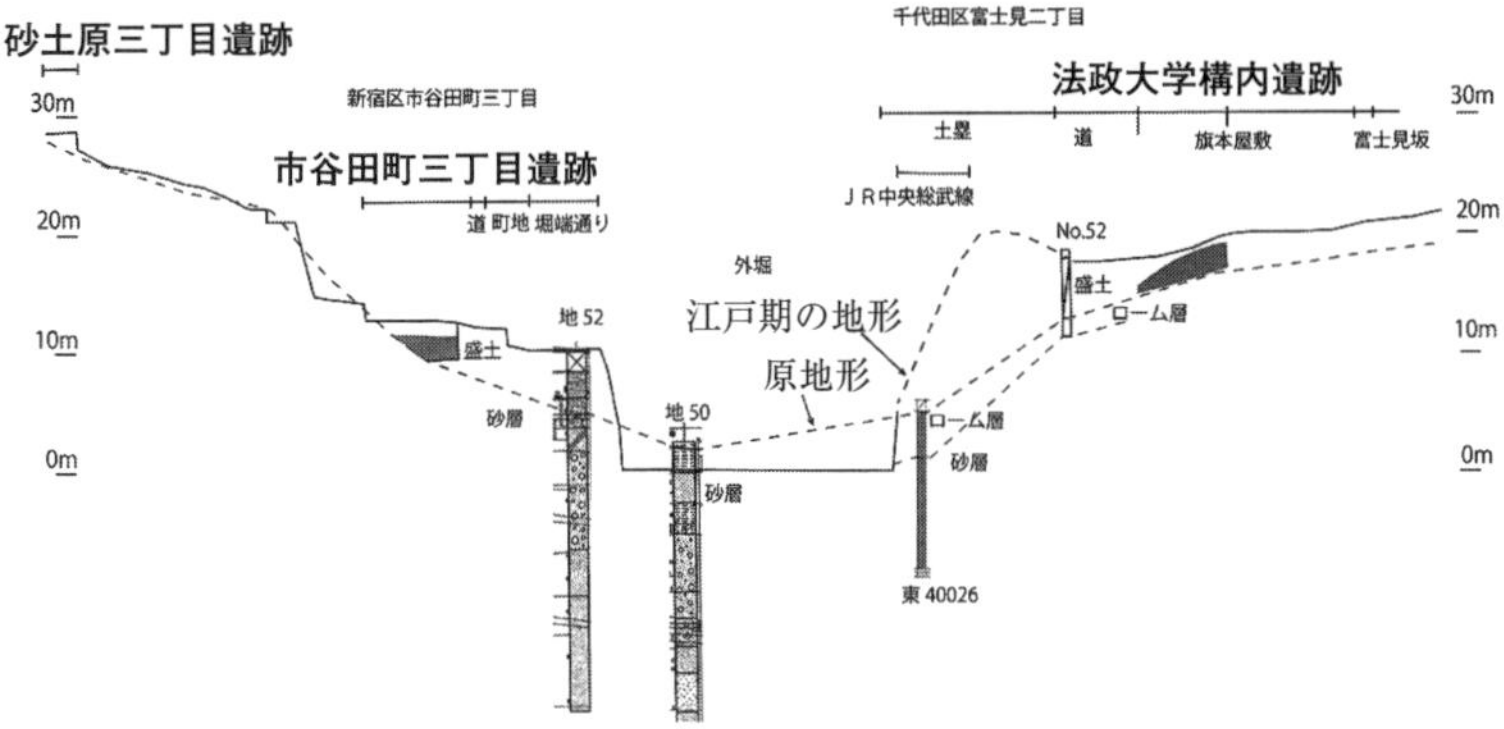

図30　江戸城外堀の旧地形図（筆者作成）

江戸城西側の堀普請

江戸城西方地域の外郭は、喰違や溜池の一部などそれ以前の工事で成立していたが、寛永十三年の工事は、これらの拠点とそれまでに完成した堀を結びつけて惣構とするものであった。地下鉄南北線建設に伴い行われた牛込《うしごめ》門から赤坂までの江戸城外堀跡の発掘調査（地下鉄七号線溜池・駒込間遺跡調査会）は、外堀普請の実態を伝えている。

この普請は、高台の喰違を分水嶺として、その北側の平川支谷の紅葉川と溜池支谷を結ぶものであった。このうち市谷から喰違土橋（伊賀町土橋）までの約七二三間（約三・四七キロ）の一番丁場では、『伊達家文書』（寛永十三年二月二十九日条）に各大名の担当場所である普請丁場図が残っており、工事量が確認できる。この丁場では表10に示す七組が編成され、数万石の大名を配下に置き、各組の拝領石高が

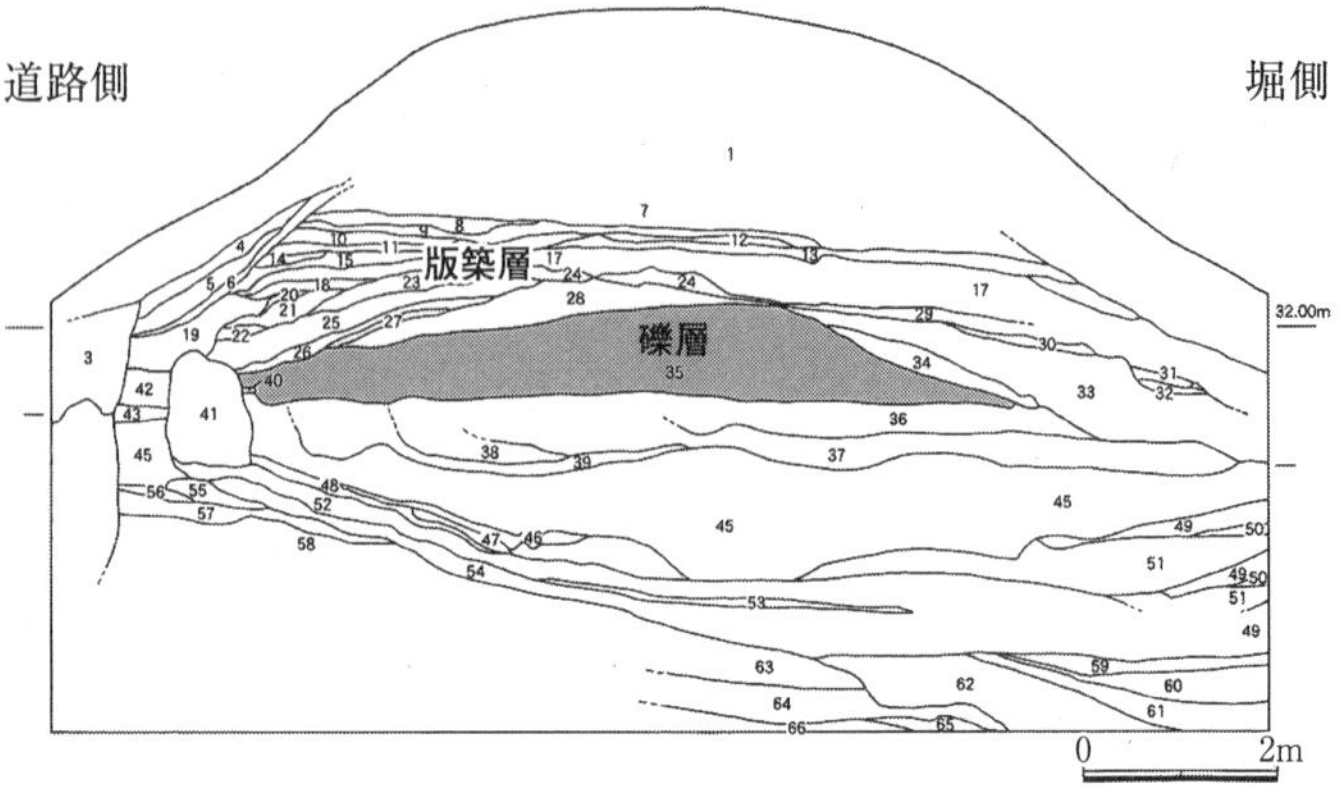

図31　四谷門南方土塁断面図（千代田区教育委員会2001より）

計五〇万石余りとなるように編成された。やはり堀普請も石垣方と同じく組が編成されたのであったが、この史料で見る限りは配下の大名がそれぞれ丁場を持つのではなく、普請組全体で担当していたものと理解できる。

図29はこの文書を模式化したものである。この図では、一番丁場は一三万六七八七坪（約一〇四万二五八三立方メートル）の土量を掘削するという大規模な工事の様子が示されており、各組の掘削土量を一定にしていたことがわかる。この図から元の地形を知ることができ、市谷から四谷までは谷に該当し、堀底を浚《さら》う程度の工事であった。そして、四谷門南側でやや高くなり、四谷門から一三〇間五尺六寸（約一・八キロ）先の佐竹家丁場境で急激に高くなることがわかる。これを外堀平面図に当てはめると、「く」の字に折れ曲がる地点に位置

する（図29矢印）。四谷門先から喰違（伊賀町土手）間は深さ七間二尺（約一三メートル）ほど掘削しており、台地を大きく削り堀を仕立てる工事であったことが確認できる。つまり、この屈曲は、神田川支谷と溜池の谷を結ぶために台地を削り取った跡である。真田堀の掘削深度は、現在の地下水位面の少し低い位置まで掘り下げていることから、水堀となるよう調整していたものと推定される。

牛込門から市谷門までの牛込堀沿いの土塁と堀内の地質調査や発掘調査では、旧来の谷を掘り下げて、台地に面した斜面地には約八メートル以上の盛土を築いて土塁を形成していたことがわかった。その盛土は粘土や砂など谷内に堆積した土砂を一層あたり一〇～一五センチの単位で叩き固めて築いた版築層《はんちくそう》であった。

図30には千代田区法政大学構内遺跡や新宿区内の外堀に面した遺跡と外堀の横断面を示した（図26④の位置）。法政大学構内遺跡は旗本《はたもと》屋敷跡で、十七世紀前葉に厚さ五メートル以上の盛土が行われていた。この盛土は、谷下の堆積土を主体としたもので、隣接する牛込門・市谷門間の外堀築造で谷内の土砂を大きく削り取った残土を利用したことを物語るものであった。このことは、旧来の谷を掘り下げて、その土砂を用いて土塁を構築するだけでなく、周辺地の開発にも用いたことを示している。つまり、外堀を構築するとともに近隣の町人地や武家地を造成していたのである。

四谷《よつや》門北側の真田堀土塁調査（図26⑤）では、現地表面から三㍍近く掘り下げても自然堆積層に達していないことから、かつては外堀に向かう谷の斜面地であったと考えられる。この調査では土塁基底部の中心部に礫を土饅頭《どまんじゅう》状に築いた層（35層）があり、それを芯として細かく土を盛って固めた版築状の盛土で土塁を築いていた（図31）。この盛土は台地上に堆積した土を主体としていることから、牛込〜市谷門間の低地の堆積物を主体とした盛土層とは異なり、台地を削り取って造られたことを示している。盛土層の一層あたりの厚さは約一〇㌢程度で、ロームや砂などさまざまな種類の土を交互に積んであり、土塁下位の砂利層や基底部の礫層など透水層の存在から、水はけの良い構造にしていたと考えられる。十六世紀中葉の滋賀県近江八幡《おうみはちまん》市瓶割山《かめわりやま》城（長光寺《ちょうこうじ》城）などでも土塁中心部に礫混入砂層や荒砂層などを土饅頭状に堆積した層が確認されており、戦国期からの城普請で培われた技術を継承したものと考えられる。

江戸城外堀は土橋に設けられたダム（堰《せき》）に区切られ、喰違〜四谷間の堀を最高位として、牛込の堀へ向かい順次低くなる構造として作られた人工の堀であることはわかっていた。さらに、発掘調査の結果、幅の広い緩やかな谷を掘り下げて外堀とし、土塁を築くための盛土を行ったこと、郭内の千代田区側に急峻で高い崖を作り出すとともに、谷の斜面を平坦として宅地としたことがわかった。それを裏付けるように外堀周辺の遺跡では、盛土や切土といった外堀構築に伴う地形改変の痕跡が確認されている。

この堀普請によって掘り上げられた土量は、約一二〇万立方メートルにも及んでいたという。現在、残された牛込から喰違までの土塁は、低地の牛込〜市谷間では二メートル足らずの高さなのに対して、四谷〜喰違の台地上では高さ五メートルを超えており、これは外堀構築のための掘削土量の違いを反映しているのである。

外郭諸門の発掘調査

江戸城西方の外堀では堀普請と並行して城門枡形の石垣普請が進められた。小石川《こいしかわ》門を岡山藩主池田光政、牛込門を徳島藩主蜂須賀忠英《ただひで》、市谷《いちがや》門を津山藩主森長継《ながつぐ》、四谷門を萩《はぎ》藩主毛利秀就、赤坂門を福岡藩主黒田忠之といった国持大名に担当させた。

この五ヵ所の城門は、枡形石垣および、その前方に堀を渡る木橋・土橋とその橋台を築く工事が行われた。寛永六年に築かれた江戸城東方の外郭門が長い木橋を持つのに対して、西方の台地に造られた外郭門は枡形と土橋によるダム（堰）を一体で築き、図29のように各堀の水位を一定に保つ工夫がなされ、最も高い位置にある真田堀から四谷、市谷、牛込と順次あふれた水を流す構造となっていた。さらに低地にある牛込門と市谷門では石垣による橋台と堰からなる（図32）のに対して、台地の四谷門では土手による橋台（土橋）と堰、喰違と赤坂門が土橋と暗渠《あんきょ》水路（図33）となり、地形に合わせた構造となっている。

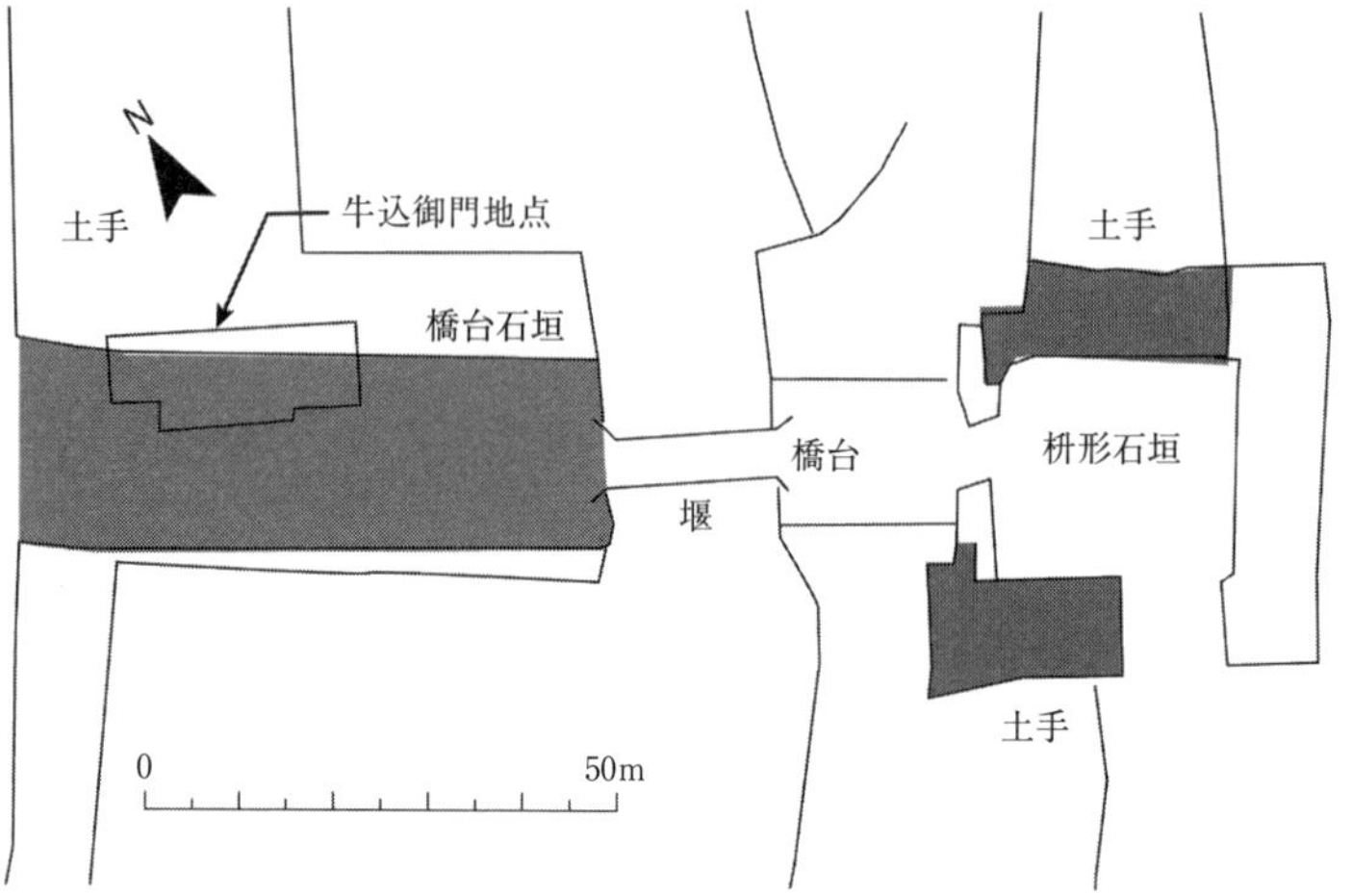

牛込門跡平面模式図　　現存遺構

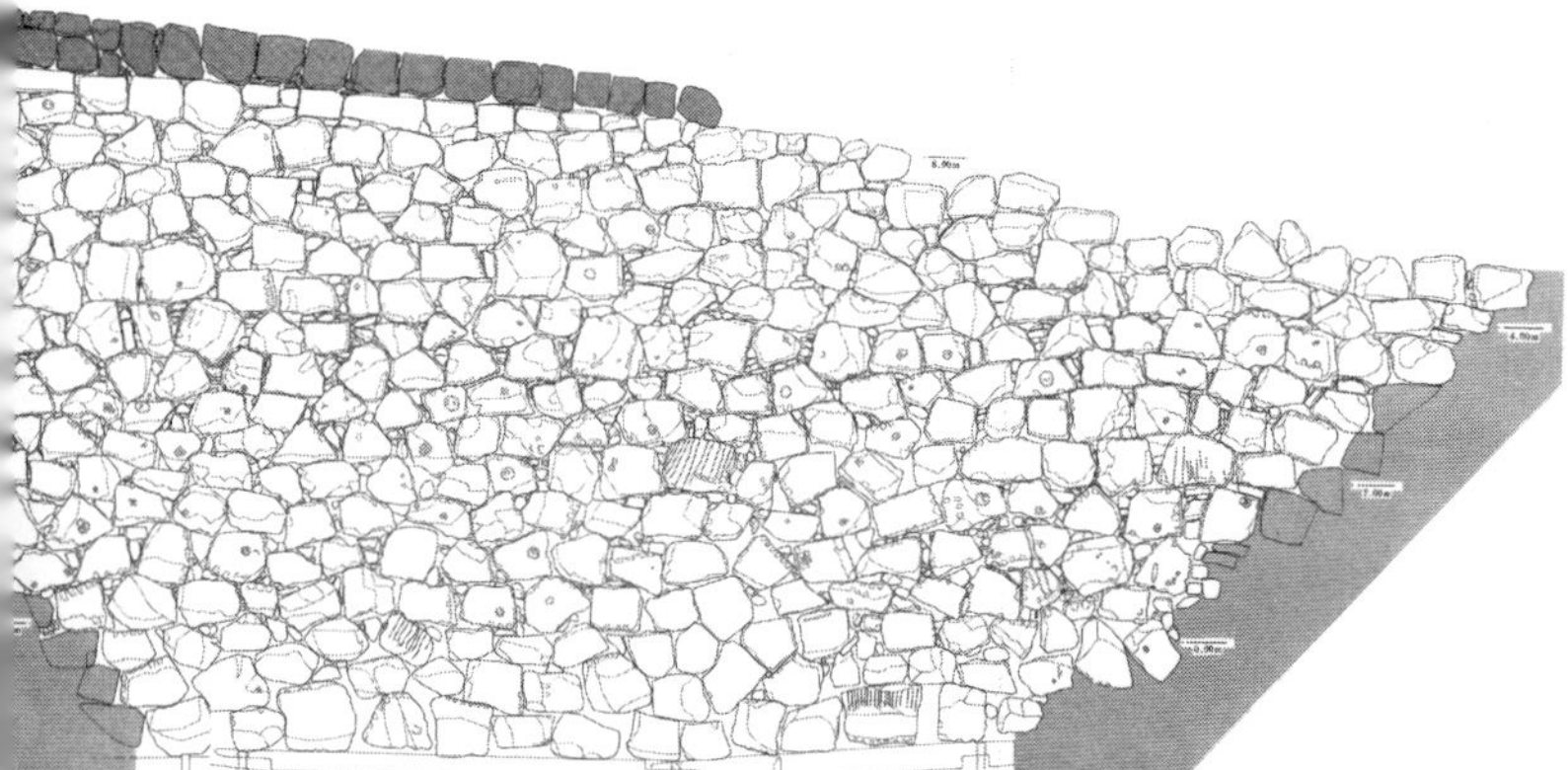

図32　牛込門左岸橋台石垣立面・断面図（地下鉄７号線溜池・駒込間遺跡調査会1994bより作成）

135　江戸城惣構の完成

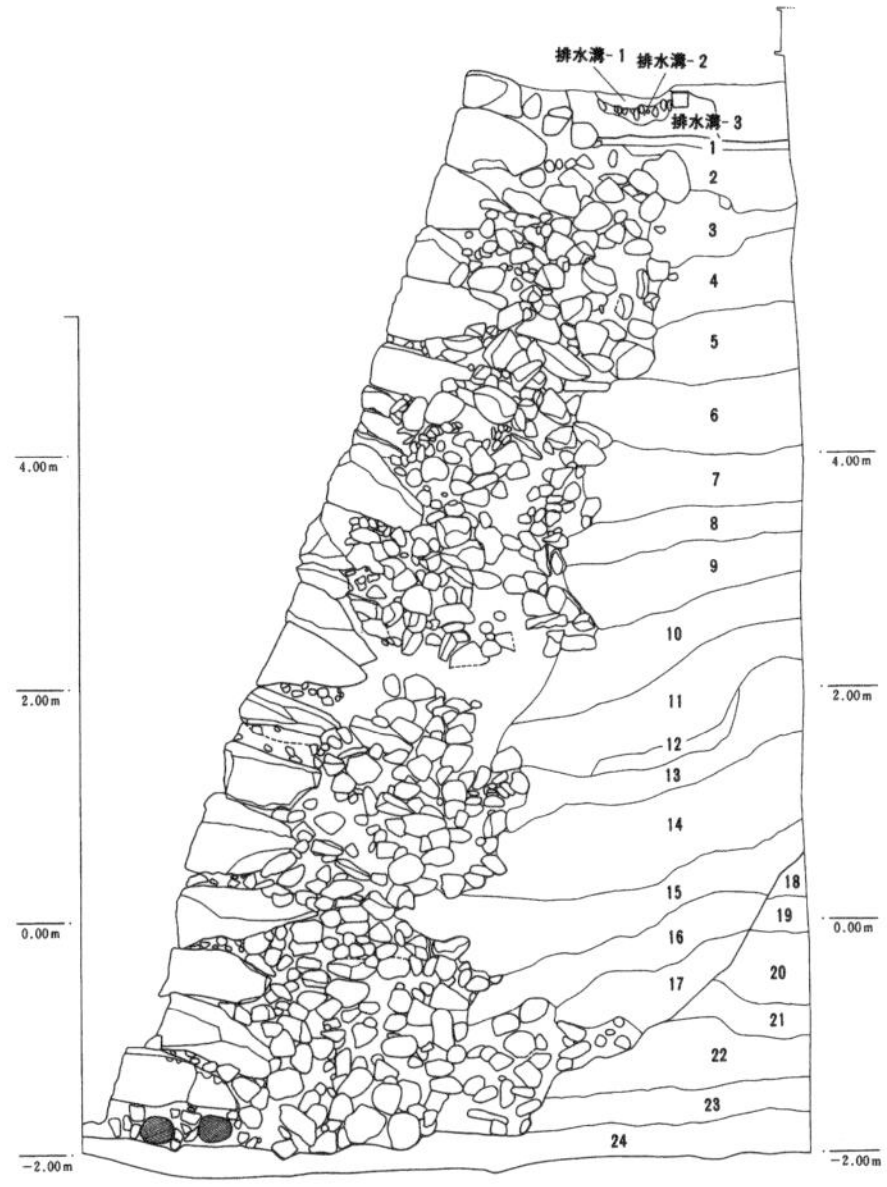

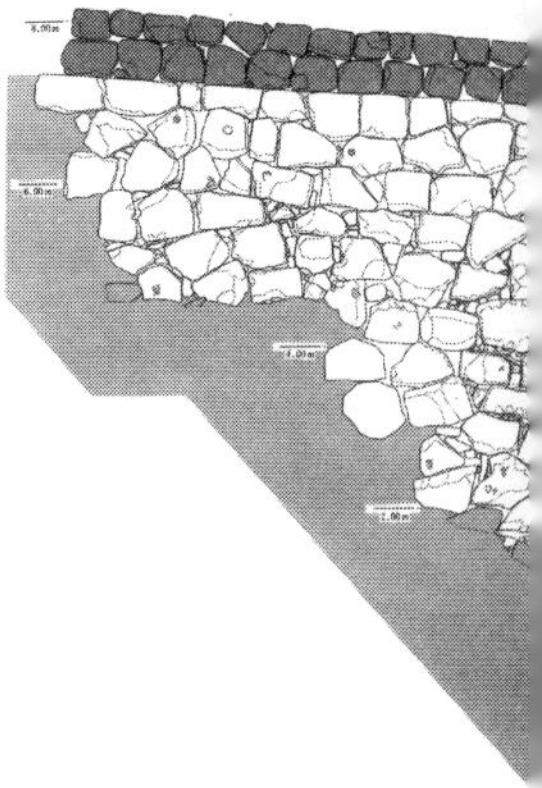

牛込門跡（図26⑤）は、冠木門に面した両袖の石垣と渡櫓台石垣が残り、枡形門の全体は残っていないものの牛込～赤坂間にある枡形門のなかでは最も保存が良好である。周辺開発によって「□（賀）阿波守内」の刻印を持つ角石が出土したことから、徳島藩蜂須賀家によって建造されたことを示している。この石垣は安山岩を主体としていて、算木積みを構成する角石は花崗岩を使用した切込みハギである。石垣石の多くは、静岡県熱海市や伊東市に産出する宇佐美・多賀系火山の安山岩であった。宇佐美北部石丁場では蜂須賀家家紋である「卍」の刻印がみられることから蜂須賀家丁場があったと考えられ、ここから運ばれた可能性が高い。石垣基礎は自然堆積層上に硬化させた版築層を築いて直接石垣を築いていた（飯田橋駅西口地区市街地再開発組合二〇一四）。

「江戸城外郭御門絵図」によると、牛込門前の外堀を渡る橋は橋台と木橋からなり、木橋は三本一組で二列の橋脚で支えられ、渡り（長さ）九間三尺七寸（京間約一八・八メートル）と常盤橋門に比べて、かなり短い橋梁《きょうりょう》であった。現在も左岸側橋台が残されており、その長さは六〇メートルを超えるかなり長いものである。下流側の橋台解体修理の調査で高さ一〇メートルに及ぶ一六段の石垣が明らかとなった（図32）。構造は谷を横断する形で土手を造り、その土手の表面に石垣を築くもので、石垣基盤は軟弱な土層を取り除いて強固な砂層を露出させた状態で、地盤に梯子胴木を敷いて、裏込栗石層とともに築石を築いている（地下鉄

七号線溜池・駒込間遺跡調査会一九九四b）。

市谷門跡でも左岸下流側（北面）の橋台石垣が残り、地下鉄南北線の調査で上流側（南面）にも現在の道路下に高さ五メートル以上の江戸期の石垣が確認された（地下鉄七号線溜池・

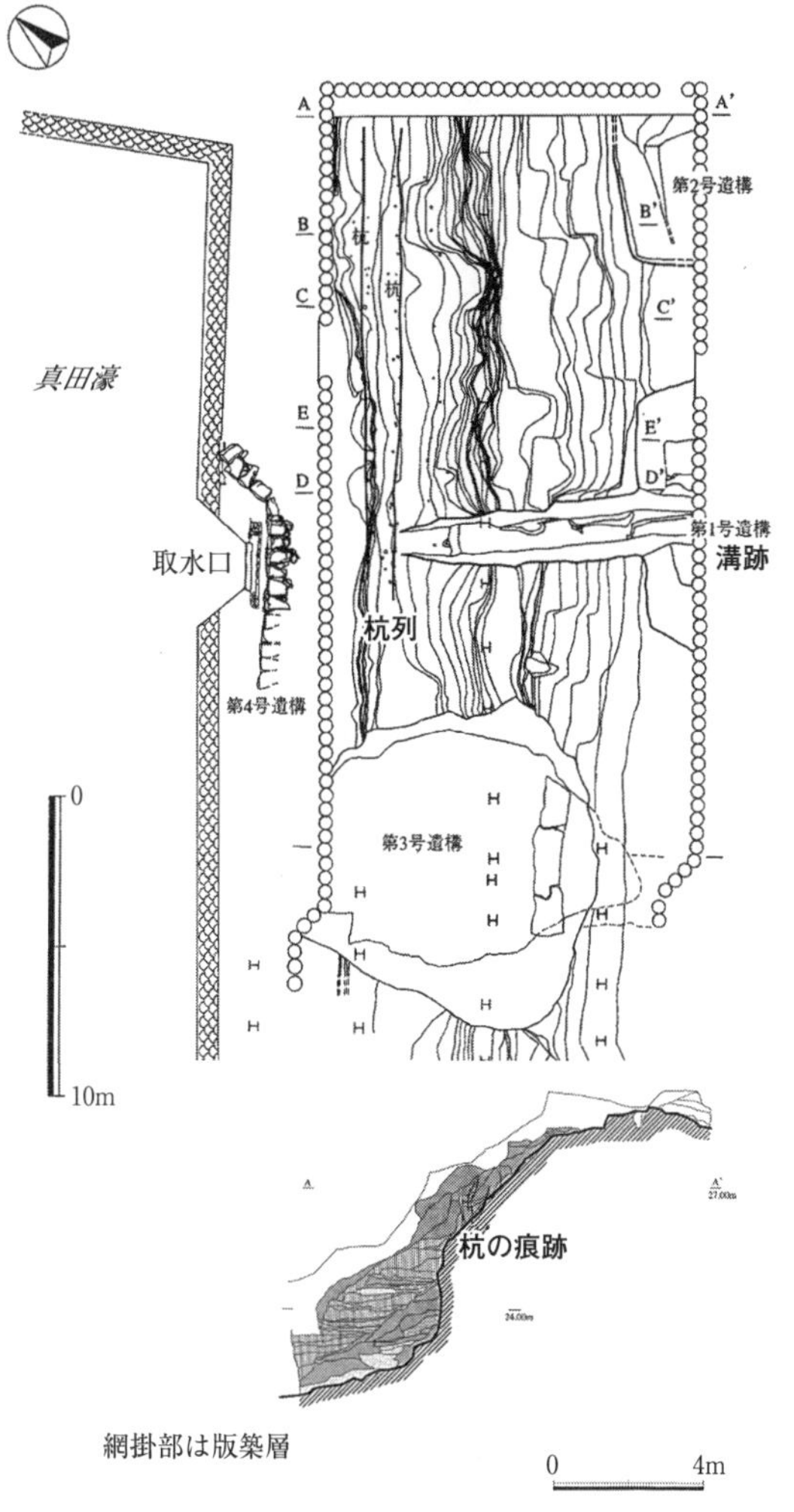

図33　喰違土橋平面断面図（地下鉄7号線溜池・駒込間遺跡調査会1995より）

駒込間遺跡調査会一九九四a)。構造はやはり牛込門と同じ砂層の基盤層の上に梯子胴木を敷いて石垣を築いたものである。石垣の背面には削り残された谷の堆積土と盛土層の間に、杭と板による土留めを設けて、背面土の崩壊を防ぎ、栗石による裏込めをした石垣が築かれている。

また、四谷門の調査(図26⑥)では、約一〇メートルに及ぶ盛土によって土橋を造っていたことが判明した。その盛土は、寛永十三年の修築以降江戸後期に至るまで幾度も修復が重ねられ、黒色土・シルト・粘土など多様な土が利用されていた(地下鉄七号線溜池・駒込間遺跡調査会一九九七)。四谷門はそれまで台地上に立地していると考えられていたが、この調査によって神田川支谷の紅葉谷から続く谷に位置していることが判明した。

喰違土橋の調査(図26⑦)によれば、台地を大きく階段状に削り取り、硬質の白色粘土層を露出させて、階段の平坦面を利用して版築層を築き土橋の斜面としていた(地下鉄七号線溜池・駒込間遺跡調査会一九九五)。階段の先端には杭跡《くいあと》が列状をなして発見されたことから、板柵などで土留めを造っていたと考えられる。また、土橋中央部から真田堀や弁《べん》慶《けい》堀に水を流す暗渠水路跡と取水口が発見された(図33)。

赤坂門(図26⑧)は、国道二四六号線に面する北半部の一部の石垣が残る。地下鉄南北線の調査では、枡形石垣の根石が発見された。この石垣は台地斜面地を平坦にするため、地表下約四メートル以上も削り取って、白色粘土層という強固な地盤を露出させて、その上に直接石垣根石を積み上げていた。地上部は整形された築石による切込みハギであるが、地下の根石は打込みハギによって構築されており、枡形門内は見せるための精緻な石垣を築くのに対して、地下の根石は上部を支える石垣構造となっていたことが明らかとなった（地下鉄七号線溜池・駒込間遺跡調査会一九九五）。また、根石から八種類の刻印が確認され、その中には真鶴にある黒田家の石丁場の残石と同様の符号が刻まれていた。その多くは黒田家の家紋のひとつである「裏銭紋」の刻印である。

以上のように牛込門や市谷門といった低地では、人工的な盛土によって石垣の橋台を造っており、基礎構造として「梯子胴木」という二列の土台木を敷いて、背面に土留板などで軟弱地盤の崩壊を防止するなど、入念な土木工事を行っていたことが判明した。一方、四谷門や喰違といった台地上での土橋は土手による構造であった。四谷では谷を埋めて土橋が築かれていたことが判明したが、その南方の最も高位にある喰違では、土橋を築くために自然堆積層であるローム層を大きく削り出して盛土を施していた。赤坂門でも石垣を築くために台地を大きく削り取ることが確認された。石垣の基礎構造は地形によって異なることが、これまでの遺跡発掘調査で明らかとなったのである。

赤坂門の築造をめぐる惣構の意図

江戸城外郭門は軍事拠点であるとともに街道など交通の要所となった。赤坂門は、外郭内外に徳川御三家の紀州藩と尾張藩、彦根藩井伊家の屋敷が置かれた重要な防御拠点であり、大山道《おおやまみち》の起点でもあった。赤坂門石垣は地下鉄南北線永田町駅建設の際に遺跡調査がなされ、その構造が明らかとなった。ここでは、その成果とともに普請大名であった福岡藩黒田家の記録から赤坂門の位置が決定された経緯を紹介しよう。

『黒田続家譜』など黒田家の史料には、赤坂門枡形普請に際して惣奉行に三奈木《みなぎ》黒田家当主の黒田一成《かずしげ》と家臣の竹森清左衛門《たけのもりせいざえもん》（貞幸《さだゆき》）を任命しており、実質的には竹森が普請の一切を取り仕切っていたと考えられる。この竹森清左衛門は中老格の譜代家臣で、城郭築城に長けた人物である。

黒田家が赤坂門の築造を請けたとき、赤坂門を築造する場所はいまだ決まっていなかった。赤坂門を置く台地は、周囲に溜池の谷など低地が広がる地域で、外郭門としての機能上、その位置決定は重要な事項であった。竹森家の家譜『竹森家伝』（福岡県立図書館所蔵）には、次のような経緯が記されている。

まず、幕府が計画した赤坂門枡形の構築場所は、地盤が軟弱で底無し沼のような状況であった。老中のなかでは井伊直孝《いいなおたか》が溜池際への構築案、土井利勝《どいとしかつ》が溜池から江戸城側へ六間引いた場所への構築案を主張し、判断がつかない状況であった。そこで、築造を担当する黒田家に意見を聞くべく、藩主黒田忠之と黒田一成が赤坂に呼ばれている。この時、黒田一成は土木工事に疎いとして竹森へ判断を委ねた。井伊直孝は郭内を広げることとなる低地部に縄張を行うべきとし、一方で竹森は低地に門を築くと軟弱地盤による崩壊の危険性があり、高台から城下を望むという城門としての機能上問題があるとし、台地部に縄張を行う案を主張、真っ向から対立することとなった。議論の結果、土井利勝の台地部に門を築く案を入れた竹森案が採用された。

『竹森家伝』では、石垣構築部分を一丈（三・七八メートル）ほど開鑿《かいさく》し土台を置き、礎石を据え、さらに小石でこれを満たすと記載されている。これらの作業により地盤が固まった上に枡形石垣を構築していった。

前述の赤坂門跡の発掘調査によって明らかとなった成果と合わせて、この赤坂門の事例は江戸城天下普請のなかで、西国の大大名の培ってきた技術や知恵によるところが多かったことを示しており、江戸城外郭工事の技術的高さを考える意味でも興味深い。

また、井伊直孝が示した郭内を広げるという案は、惣構が完成する寛永十三年の前年に制定された武家諸法度のなかで参勤交代が制度化されたことによって、幕府側が大名屋敷を確保するため、可能な限り郭内を広げる必要があったという意図が考えられる。これは寛永期の江戸城惣構を築造した意義を考える意味でも重要な史料である。

江戸城惣構の意義

これまで寛永十三年の江戸城外堀普請をめぐる諸課題を示した。雉子橋門から虎ノ門までの江戸城東方の堀石垣普請を記した『立花家文書』、市谷土橋から喰違までの江戸城西方の堀普請を記した『伊達家文書』は、一〇〇家を超える大名家を動員した史上最大規模の天下普請の築城体制を物語るものであった。また、平和の世に行われたこの大規模な工事は、天下の府である江戸の都市開発を意図したものでもあった。

江戸城外堀普請は全体工事量が一四五万六〇〇〇坪余り（約四八〇万平方メートル）という、それまでの江戸城普請のなかでも破格の工事量であった。土量を現在の一〇トンダンプに換算すると八〇万台にも及ぶ。国持大名など有力大名を組頭として石高に応じて各大名に工区の規模が割り与えられていた。

江戸城西方の堀は、神田川支谷と溜池の谷を結ぶ工事で、周辺の谷を埋め立てて大名屋敷などの宅地とする造成が行われ、城門土橋にダム（堰）を設けて堀の水面を順次低くしている。各大名の掘削土量は各組とも一定にするように分担していた。一方、江戸城東方の石垣構築では、各組の石高を統一し、石高に応じた工事量となるよう調整され、組頭は組内の石材調達を担っていた。築城だけでなく石丁場での切り出しでも、組頭の採石場が組内の大名に分担して利用されていたことが判明した。

寛永十三年の構築体制はそれまでと異なり、大名領地の纏《まと》まりごとに組編成され、大藩を中心とした役割分担が行われていた。これには江戸城外堀普請によって大名の序列統制を図る意義があったと考えられる。将軍家光は幕藩体制の基盤を江戸城総仕上げで実現しようとしたと思われる。

江戸城築城による城下町整備

外堀建設と城下町整備

土取場と城下町の整備

前述したように、江戸城惣構《そうがまえ》の意図は軍事機能の創出だけではなく、外《そと》堀《ぼり》周辺地の都市開発でもあった。ここでは外堀構築に伴い実施された外堀周辺地の造成や徳川御三家をはじめとした大名の屋敷配置をみてみよう。

『江戸城外堀跡　市谷御門外橋詰御堀端』（地下鉄七号線溜池・駒込間遺跡調査会一九九六）のなかで、栩木真氏は、江戸城外堀普請に先立って寛永十一～十二年（一六三四～三五）には外堀周辺の町や寺院が外堀外の小石川《こいしかわ》・牛込《うしごめ》・四谷《よつや》・赤坂を結ぶ谷地に移転させられ、図34のように外堀に沿って弧を描くような地に開発エリアが定められたという。

先に示しように牛込堀に隣接する法政大学構内遺跡では、堀の掘削《くっさく》で生じた黄色砂を盛《も》土《ど》して旗本《はたもと》屋敷を造成していた。また、四谷門外の四谷一丁目遺跡では高台を削り、外堀

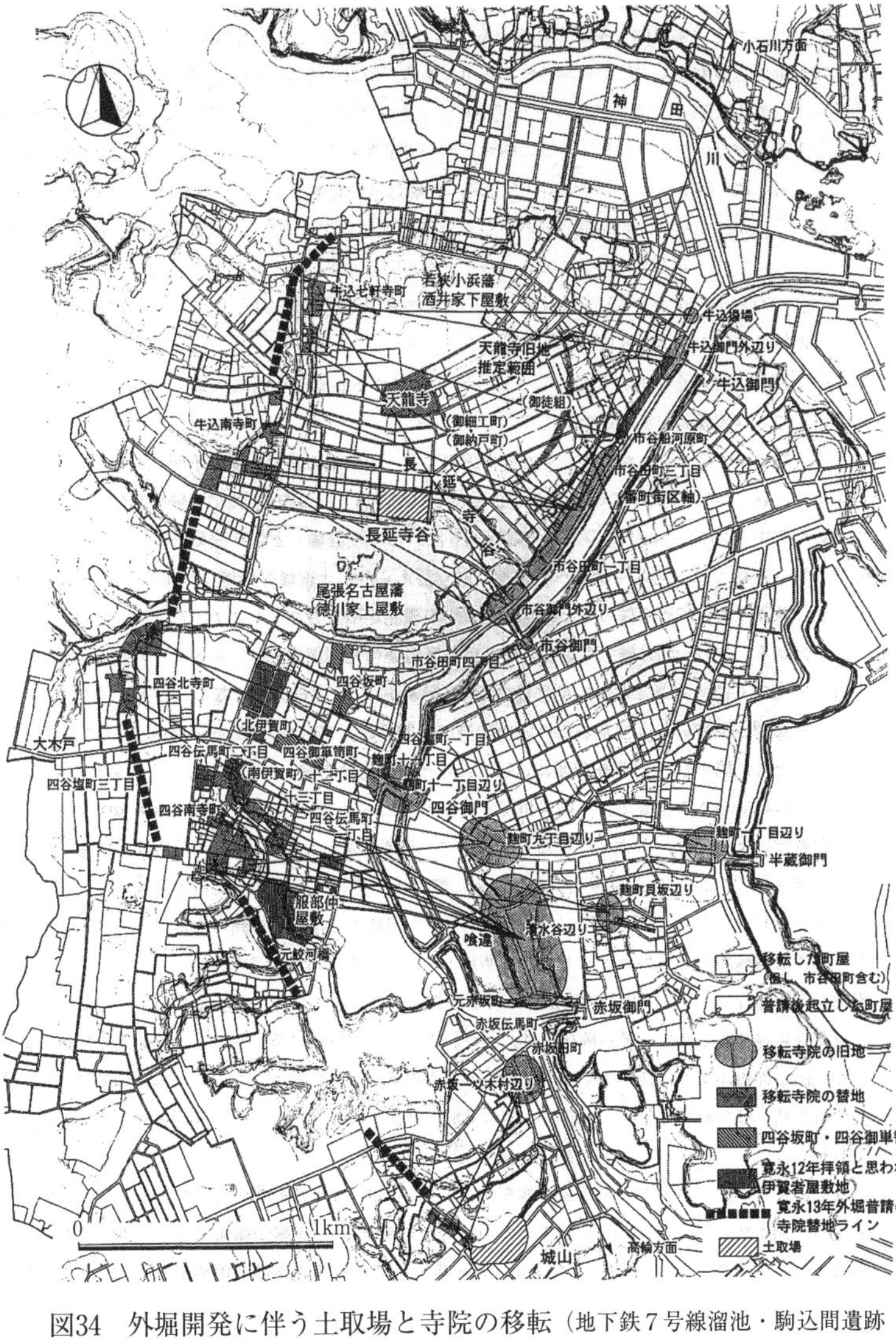

図34　外堀開発に伴う土取場と寺院の移転（地下鉄７号線溜池・駒込間遺跡調査会1994aより）

に向かう浅い谷を埋め立てており、清水谷《しみずだに》に面した紀尾井町《きおいちょう》遺跡では、斜面地を盛土によって平坦としており、外堀普請を契機として外堀周辺の傾斜地などで大規模な造成が確認されている。

特に紀尾井町遺跡では、台地斜面から谷下にかけての地域に一万立方《メートル》もの土砂を用いて厚さ一〇《メートル》以上の盛土を施し、二家の大名屋敷を築くという工事が明らかとなった。さらにその盛土が台地や低地といった広い地域から持ち込まれた点などから、単独の大名によるものではなく、外堀普請といった広い地域に及ぶ工事以外には考えられないものであった。

こうした江戸市街地の開発は、外堀掘削土の利用だけでなく、造成用の土取場《つちとりば》を先の開発エリアに近い谷地に設けて実施されていた。

まず、溜池《ためいけ》の谷支谷内にある城山《しろやま》土取場には、一六四〇年代頃の絵図によると空地が広がっており、『御府内沿革図書』の延宝年間（一六七三～八一）の図面には「土取場」という記載がみられる。その後、この地域は元禄四年（一六九一）には町人地や旗本への預地に割り替えられていった。この一画に属する芝西久保城山地区遺跡の発掘調査では、関東ローム層下部の白色粘土層まで大きく削られており、削平後の十七世紀末から十八世紀初頭になると、屋敷地を示す多くの遺構が確認されている（毎田二〇〇七）。すなわち、この地域の土取場は、十七世紀中葉から屋敷地化の進展とともに縮小し、十七世紀末頃にはほとんどその機能は消滅してしまったのである。一方、神田川支谷にあたる長延寺《ちょうえんじ》の谷は、『御府内備考』によれば、明暦二年（一六五六）に尾張《おわり》藩上屋敷の拝領に際して、その隣接地に土取場が設定された。この場所は「万治年間測量図」（一六五八年作成）では広い範囲で土取場が残るが、一六八〇年頃には徐々に屋敷地となり、元禄年間（一六八八〜一七〇四）には一帯が「市谷《いちがや》土取場町」という町人地となる。

以上のように江戸城外堀の外縁《がいえん》では、寛永十三年外堀普請を契機として都市開発のための土取場が設けられた。その土取場は市街地化の進展とともに次第に範囲を狭め、十七世紀末から十八世紀初頭までには役割を終えて、町人地や武家地となっていったのである。

江戸城の縄張と大名屋敷の配置

江戸城築城は慶長八年（一六〇三）の徳川開幕以降、寛永十三年（一六三六）の外堀普請によって一応の終結をみる。その後、玉川上水《たまがわじょうすい》の整備や江戸周縁の開発を担う築地奉行任命、さらには明暦大火後の再整備など、十七世紀中頃に至るまで都市の再整備や拡大が続いていた。

こうした江戸築城と城下町は、慶長二十年の武家諸法度《ぶけしょはっと》（元和令）や、寛永十二年の武家諸法度（寛永令）で整備された参勤交代《さんきんこうたい》制度に伴い、大名屋敷の配置が進んだ。前述した赤坂門の縄張において、外堀構築の意図は郭内を広くするためでもあったとした。江戸城郭内の拡大は不足してきた大名屋敷地確保の要請に対応するものであったとも思われる。こうした事例が示すように、大名屋敷の配置が江戸城築城に与えた影響は大きい。ここでは大名屋敷の配置が江戸城や城下の防衛に果たした役割をみていくこととする。

諸大名は江戸に複数の屋敷を割り振られ、江戸城に近い順に上屋敷・中屋敷・下屋敷と呼ばれていた。そのなかで江戸城外郭内にある屋敷は、藩主やその家族が居住する上屋敷であった。江戸城西方では番町の旗本屋敷とともに紀尾井町と永田町に親藩《しんぱん》や譜代《ふだい》大名の屋敷が配置され、霞が関や丸の内といった江戸城東方の低地には有力外様《とざま》大名の屋敷地があり、西の丸下と大手門外という江戸城直下には幕閣《ばっかく》譜代大名の役屋敷が配された。親藩・譜代・外様大名の屋敷配置図（図37）に示したように、大名配置には地域的なまとまりがあった。

特に徳川一門の親藩大名や有力譜代大名の屋敷の配置は、江戸の防備という都市計画上の措置であることを忘れてはならない。天正年間から慶長前期に、徳川家有力家臣の屋敷が酒井忠世《さかいただよ》の大手土橋、青山忠成《あおやまただしげ》の赤坂青山宿、内藤清成《ないとうきよなり》の内藤新宿《しんじゅく》と、街道の出入口に配備されたのも江戸防備のためであった。

徳川御三家の屋敷をはじめ親藩大名や有力譜代大名の屋敷が外堀周辺に分布しているのも江戸城防備の一環であった。徳川御三家は江戸内郭《ないかく》にある吹上《ふきあげ》に居を構えていたが、江戸城外堀が完成する寛永十三年前後に、小石川門から赤坂門に至る北西側の台地に別の屋敷が与えられ（図37）、明暦三年（一六五七）の大火以後、これらの屋敷が上屋敷としての機能を有することとなった。江戸城惣構の街道に面した外郭《がいかく》門近くに広大な屋敷を割り与えられたのである。

こうした点を踏まえて、江戸城天下普請《てんかふしん》とともに整備された大名屋敷の配置と推移をみていきたい。

慶長年間の大名屋敷の配置

外様大名が親族を江戸へ在住させた最も早い事例は、慶長元年に藤堂高虎《とうどうたかとら》が弟正高《まさたか》を江戸へ送ったことである。その後、慶長四年までに前田利常《まえだとしつね》の母芳春院《ほうしゅんいん》をはじめ、堀秀治《ほりひではる》や浅野長政《あさのながまさ》、細川忠興《ほそかわただおき》の子息も江戸へ送られ、証人制が制度化されていった。また、家康は外様大名との婚姻を通じて関係性を深め、慶長五年の関ヶ原《せきがはら》の戦い、さらに慶長二十年の大坂夏の陣以後、諸大名は、競って江戸へ参勤するようになっていった。

慶長十三年頃の江戸城下を示した「慶長江戸図」では江戸城下の屋敷拝領者を確認することができる。まず、大手門《おおてもん》内や吹上、北《きた》の丸《まる》といった江戸城内や西の丸下には、譜代大名の屋敷が配置され、後の老中となる重臣屋敷を置いている。一方、大手門外や大名小路《だいみょうこうじ》の外郭には譜代大名と外様大名の屋敷が混在している。大手門外では、門前に青山忠俊《ただとし》と土井利勝の屋敷があり、後の三の丸となる大手門内には本多正純《ほんだまさずみ》、酒井忠世、青山忠成といった御年寄衆《おとしよりしゅう》（老中《ろうじゅう》）の屋敷が配置されている。また、神田橋《かんだばし》門近くには藤堂高虎や前田利常といった、いち早く江戸に屋敷を拝領した有力外様大名の屋敷がある。

江戸城外郭の大名小路には外堀に沿って譜代大名の屋敷が並ぶのに対して、西の丸下の内堀と譜代大名屋敷に囲まれた地域には、蒲生秀行《がもうひでゆき》（会津《あいづ》）、浅野長政・幸長《ゆきなが》（和歌山）、池田輝政《いけだてるまさ》（姫路）、森忠政《もりただまさ》（津山）、福島正則《ふくしままさのり》（広島）・高晴《たかはる》、黒田長政《くろだながまさ》（福岡）、細川忠利《ただとし》（小倉《こくら》）、蜂須賀家政《はちすかいえまさ》（徳島）、山内忠義《やまうちただよし》（高知）といった関ヶ原の戦いで徳川方に与した外様大名の屋敷が多く確認できる（図37）。

また、外桜田門外の桜田堀沿いの高台には、同じく徳川方に与した加藤清正《かとうきよまさ》の屋敷があった。外桜田門から虎ノ門に至る小田原道《おだわらみち》（日本橋《にほんばし》架橋以前の東海道《とうかいどう》で、架橋後は中原街道《なかはらかいどう》）を望む高台にあり、寛永九年の加藤忠広《ただひろ》改易後には井伊直孝《なおたか》に与えられた屋敷である。加藤家はこの桜田の上屋敷とともに赤坂喰違《くいちがい》に中屋敷があったが、ともに井伊家に与えられた。外桜田門と赤坂喰違というと、家康江戸入部の道筋にあたり、初期の築城拠点であったことは前述した。井伊家は老中を多く輩出した徳川家の重臣で、東西日本の大動脈を結ぶ近江の要衝であった彦根を託された譜代大名であった。当然、井伊家の江戸屋敷も江戸城下防衛を任されたと考えられる。慶長期にこの地の守りを加藤清正に託したことは、家康と豊臣恩顧《とよとみおんこ》の大名との関係を推し量る上で重要な事例であろう。

一方、現在の日比谷《ひびや》公園にあたる、地盤が極めて悪い日比谷入江の埋立地には、上杉景勝《うえすぎかげかつ》（米沢）、島津義弘《しまづよしひろ》（薩摩）、毛利輝元（萩）といった、関ヶ原で徳川家に敵対した大名の屋敷が並んでいる。しかも毛利家では慶長八年九月に、上杉家や伊達家も同年には屋敷を拝領している（東京都一九六〇）。日比谷入江の埋め立ては天下普請直前の慶長八年頃と考えられることから、埋め立ての着手とともにこれらの屋敷が割り振られていたのである。

いまだ大坂城に豊臣秀頼《ひでより》が健在であったため、慶長期の江戸での大名屋敷配置は、関ヶ原で徳川方に味方した有力外様大名に対して、江戸城下の曲輪《くるわ》内という重要な場所に屋敷を与えることで懐柔策を取っていたとみられる。なお、寛永期以降、大手門外の藤堂家や前田家などは郭外に移転したが、大名小路ではいくつかの外様大名の屋敷は移転したものの、幕末までこの地域は外様の有力大名の屋敷地として維持された。

この慶長期の大名賜邸は、関ヶ原の戦い前後の全国の大名配置をみると理解できる。関ヶ原の戦い前には、東海道筋に中村一氏（駿府《すんぷ》）、山内一豊《かずとよ》（掛川《かけがわ》）、堀尾吉晴《ほりおよしはる》（浜松）、池田輝政（吉田）、福島正則（岡崎）が配属されていた。この領地は徳川家康の関東移封《いほう》以前の拠点であり、豊臣家による徳川家への防衛網として配置したと考えられている。また、蒲生秀行（宇都宮）や堀親良《ちかよし》（長岡）、森忠政（上田）が徳川家領地の東から北を取り囲むように配置されていたのも徳川家監視の意図があったものと理解される（図35）。

関ヶ原の戦いでは、豊臣恩顧大名の活躍で勝利したことにより、これら外様大名には御賞を与える必要性があった。それを機会に石高《こくだか》を加増のうえ中国・四国や東北地方など江戸から遠い地域に配置換えを進めた。つまり、蒲生秀行を会津へ、浅野幸長を和歌山へ、山内一豊を高知へ、池田輝政を姫路へ、堀尾吉晴を松江へ、福島正則を広島へ、森忠政を美作《みまさか》へ転封《てんぽう》させたのである。こうした大名配置転換によって徳川家は、東海から畿内地方の重要な地域を手にすることができ、徳川一門と譜代大名に加え、浅野家や池田家など徳川家との縁戚関係のある大名によって豊臣家や西軍大名の包囲網を作った。

ところで、徳川家康が秀忠に宛てた書状（徳川記念財団所蔵）は、慶長十六年に家康と豊臣秀頼が二条城で会見をした際に福島正則が仮病を使い、秀頼とともに参内《さんだい》しなかった件に関わるものである。息子秀忠はこれを問題視し、福島正則を取り潰すことを決めたのに対して、家康はこの書状で福島正則の過去の功績をあげ、秀忠に処罰しないよう求めている。書状には関ヶ原の戦いの勝利は福島正則が第一であり、次に加藤清正であり、黒田長政、浅野幸長、加藤嘉明《よしあき》の五人の功績をあげている（二〇一四年度久能山東照宮博物館常設展）。まさにこの書状は家康と豊臣恩顧の大名との関係を示す史料といえよう。

しかし、二代将軍秀忠は元和五年（一六一九）に広島城を修理した福島正則を武家諸法

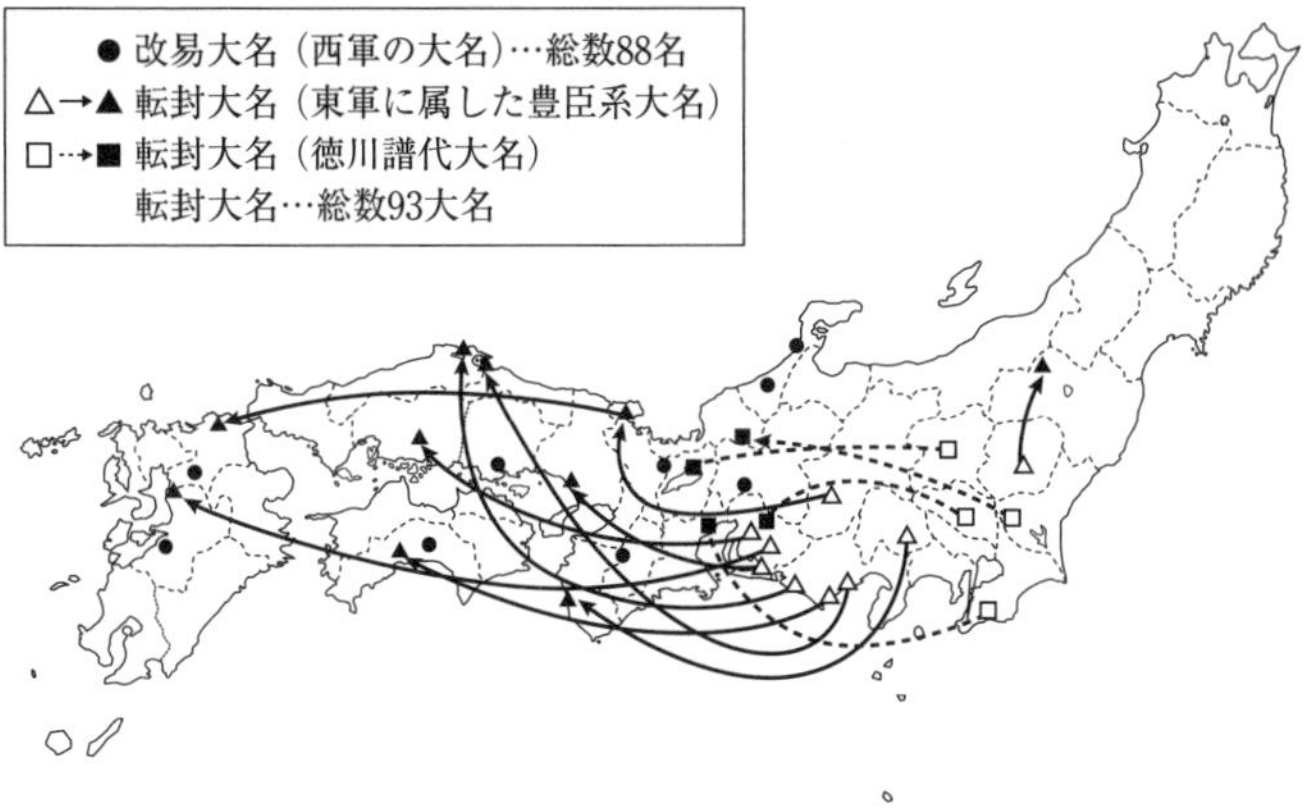

	大　名	藩　名	石　高
改易大名（西軍の大名）	小西行長	宇土	20
	毛利秀包	久留米	13
	長宗我部盛親	瀬戸	22
	宇喜多秀家	岡山	57
	増田長盛	郡山	20
	石田三成	佐和山	19
	織田秀信	岐阜	13
	丹羽長重	小松	13
	前田利政	七尾	22
転封大名（東軍に属した豊臣系大名）	福島正則	清洲→広島	20→50
	池田輝政	吉田→姫路	15→52
	田中吉政	岡崎→柳川	10→33
	堀尾忠広	浜松→松江	17→24
	京極高知	飯田→宮津	10→12
	山内一豊	掛川→土佐	7→20
	中村忠一	府中→米子	15→18
	浅野幸長	甲府→紀州	16→38
	蒲生秀行	宇都宮→会津	18→60
転封大名（徳川譜代大名）	井伊直政	箕輪→佐和山	12→18
	松平忠吉	忍→清洲	10→52
	本多忠勝	大多喜→桑名	10→10
	結城秀康	結城→北ノ庄	10→67

図35　関ヶ原の戦い直後の主な大名の改易・移封（『江戸時代館』小学館より作成）

度違反で改易処分とした。徐々に徳川家の政治体制が確立していくこととなる。

譜代大名の屋敷配置

次に江戸城下における譜代大名の屋敷の配置と構造をみていきたい。まず、江戸城外堀南方に接して城下防備の備えを有した屋敷の事例として、譜代大名内藤家（佐貫《さぬき》・磐城平《いわきたいら》・延岡《のべおか》藩主家）を取り上げる。

内藤家の祖家長は数々の軍功により家康の信頼を得た人物で、家康入部翌年の天正十九年（一五九一）に、後に外堀の一角となる溜池端《ばた》に屋敷を下賜された。拝領にあたっては、家康が直々に駕籠《かご》を降りて杖《つえ》先で屋敷境を定めたという。その後、寛永三年（一六二六）、同七年、同八年の三回にわたり、この屋敷に家光の御成《おなり》があった。

この屋敷は、溜池に張り出した高台に立地し、眼下に位置する虎ノ門には小田原道（古東海道）が走る、江戸城防備のための要衝の地である。外郭門である虎ノ門とともに内藤家長に託されたといえよう。明治大学博物館にこの屋敷の絵図「江戸御上屋敷図」「延岡大手前地図御殿絵図」（図36）が保存されている。この絵図の年代は不詳であるが、外堀に面した隅櫓《すみやぐら》は寛永期には二棟あったものの、この絵図には一棟だけである。このことから、この絵図は江戸中後期のものであろう。絵図の右下には「外張御門《そとばりごもん》」と書かれ、周囲には内藤家の屋敷周りを示す塀《へい》があり、その奥には内藤家の屋敷表門や江戸城外堀の櫓台が描かれている。いうなれば、この屋敷は台地突端に造られた江戸城外郭を一体化させ

図36　陸奥磐城平藩内藤家上屋敷「江戸御上屋敷図」「延岡大手前地図御殿絵図」(明治大学博物館所蔵，千代田区教育委員会提供，加筆)

た城郭のような屋敷であった。

再度、江戸城の構造をみてもらいたい。本丸では蓮池門《はすいけもん》と富士見櫓《ふじみやぐら》で区切られた曲輪、西の丸では的場《まとば》曲輪があり、いずれも本丸・西の丸の台地南東突端部にあたる（図1）。さらにその外側には外桜田門に面した加藤家から井伊家に推移した屋敷、そして外堀の虎ノ門に面した内藤家屋敷がある。こうして小田原道を守るように武蔵野台地東端に配置された四ヵ所の防衛拠点は、江戸城とその外側の大名屋敷を一体として築かれたと考えられないであろうか（図37）。

内藤家上屋敷跡（文部科学省構内遺跡）の発掘調査では、十七世紀ごく初頭の屋敷区画を示す溝が発見され、その溝から堀に流すための暗渠《あんきょ》が確認された。このことから、外堀の完成する寛永期以前から、この屋敷は外郭とともに江戸防備の要所であったと推定される。

次に江戸城北東側の一橋門《ひとつばし》から神田橋門にかけての外堀に接する屋敷に着目する。まず、雉子橋《きじばし》から一橋門に接しているのは、寛永九年に老中に就任した川越《かわごえ》藩主松平信綱《まつだいらのぶつな》の屋敷であり、その後古河《こが》藩主堀田正俊《ほったまさとし》、岩槻《いわつき》藩主板倉重種《いたくらしげたね》、佐倉《さくら》藩主戸田忠正《とだただまさ》といった歴代の老中の役屋敷を経て、元文五年（一七四〇）に徳川御三家のひとつ一橋家の屋敷となり幕末を迎える。

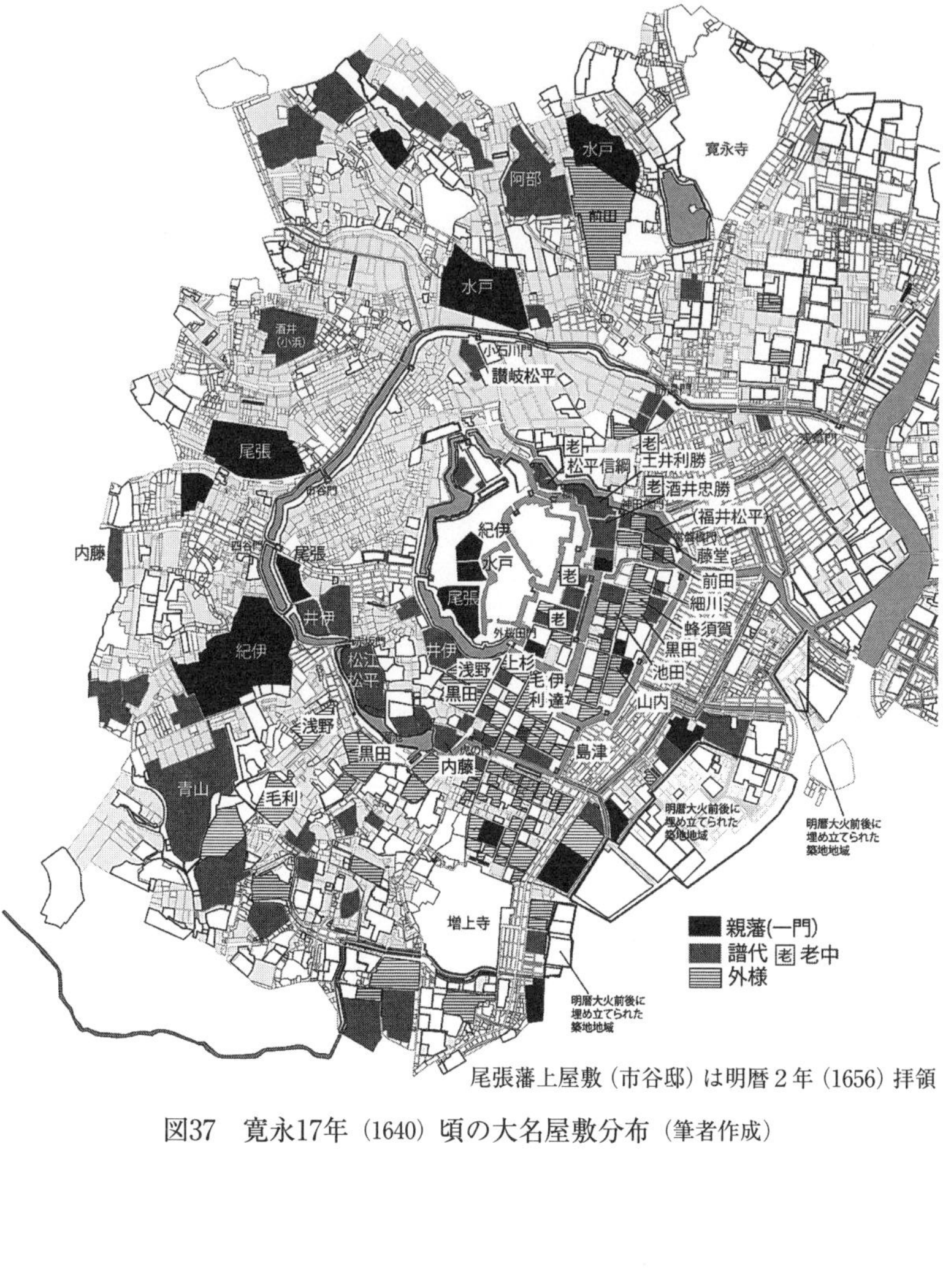

尾張藩上屋敷（市谷邸）は明暦２年（1656）拝領

図37　寛永17年（1640）頃の大名屋敷分布（筆者作成）

一橋門から神田橋門に接するのは、江戸初期に大老を務めた古河藩主土井利勝（大炊頭《おおいのかみ》）の屋敷であった。土井利勝は青山忠俊、酒井忠世とともに秀忠・家光治世を支えた重臣であり、『落穂集《おちぼしゅう》』によれば、屋敷拝領時に神田橋門の櫓を預かり管理していたという。そのため、神田橋は「大炊頭橋」とも呼ばれていた。その後、隣接屋敷の拝領者による管理は行われていなかったが、元禄元年（一六八八）に拝領した佐倉藩主柳沢《やなぎさわ》家以降、正徳五年（一七一五）拝領の庄内藩酒井家まで、神田橋門の渡櫓《わたりやぐら》が隣接する屋敷拝領者に預けられ管理していた。

天保八年（一八三七）・同十年に編纂された幕府役人の職務などを記した『殿居嚢《とのいぶくろ》』によれば、江戸城外郭正門の常盤橋《ときわばし》門を福井藩松平家、大山道の拠点である赤坂御門を松江藩松平家といった親藩大名に城門の管理を依託しており、こうした大名の屋敷配置が軍事的な意味を含んでいた可能性が高い。

江戸城外堀普請と徳川御三家の屋敷配置の意図

徳川御三家の屋敷整備を通して、江戸城外堀普請との関係をみていきたい。つまり、寛永十三年に創出された西側の外堀構築とともに、この地域の守りを御三家の屋敷が担ったことに着目する。

徳川御三家とは、家康九男義直《よしなお》を祖とする尾張徳川家、十男頼宣《よりのぶ》を祖とする紀州《きしゅう》徳川家、十一男頼房《よりふさ》を祖とする水戸《みと》徳川家をいい、諸大名の最上に位置する家系であった。尾張徳川家の拝領した尾張と美濃《みの》は、織豊《しょくほう》政権の中枢であり、紀州徳川家の和歌山は上方《かみがた》の要害で、かつ江戸・大坂の海上交通をおさえる要衝であった。また、水戸徳川家が配置された常陸《ひたち》は、東北の咽喉《いんこう》の地であった。すなわち、徳川御三家は、幕府にとって東西の外様大名を掌握するための重要な地域を任されていたのであった。同じように御三家の江戸屋敷は、城下町防御も担っていたと考えられる。

小石川門外の水戸藩邸と喰違門外の紀州藩邸は、ともに寛永十三年の江戸城外堀普請前後に与えられた、外堀隣接の広大な屋敷であった（図37）。一方、市谷門外の尾張藩邸の拝領は、明暦《めいれき》大火前の明暦二年（一六五六）であったが、四谷門内の麹町《こうじまち》邸（中屋敷）は外堀普請直後の寛永十四年に拝領した。

水戸藩小石川邸は、神田川が造る沖積低地にあり、標高四メートル《メートル》の低湿地で、古くは小石川大沼《おおぬま》のあった軟弱な地盤であった。こうした地形を江戸時代初期に大きく埋め立てて、元和六年（一六二〇）の神田川開削後の寛永六年に一三万坪もの広大な敷地を将軍秀忠《ひでただ》から与えられた。

神田上水《じょうすい》は、文京区にある関口で神田川から分流し、水戸藩邸を通過して水道橋《すいどうばし》を渡り城内に配管されていた。神田上水は「寛永江戸全図」にみられ、寛永年間までには造られていたと考えられ、水戸藩邸とともに整備された可能性もある。この上水は水戸徳川家の屋敷中央を開渠で横断し、今も残る広大な庭園・後楽園《こうらくえん》にある泉水《せんすい》（池）に注いでいた。この泉水は拝領前にあった大沼を整備したもので、この地域の治水のために設けられたとも考えられる。

紀州藩赤坂邸は、江戸城外堀の一角の真田濠《さなだぼり》と弁慶濠《べんけいぼり》に接する、約一四万坪という広大な敷地を持ち、外堀構築に先立つ寛永九年に成立した。この屋敷は、溜池に続く谷と周辺の台地からなり、「寛永江戸全図」では屋敷内の谷地には小河川が流れ、周囲に田地の広がる光景が描かれている。赤坂邸は地盤の悪い土地が多くを占めており、起伏の激しい地形で、屋敷としては利用しにくい立地環境であった。この溜池の谷は江戸水道の水源であり、鮫河橋《さめがはし》（現在の新宿区若葉町・須賀町）あたりから、紀州藩邸を通過して赤坂・溜池を貯水池として虎ノ門近くで城下に送る暗渠を配管していたと考えられる。

このように、大名筆頭の水戸徳川家と紀州徳川家が、居住環境の悪い埋め立てなど大規模な造成が必要な地域に配置されていた。城下町の防御とともに、都市生活に必要な水道の確保や災害要因となる治水などの水管理という役割も担ったと考えられる。

江戸城築城と城下町整備

これまで、城や都市を守るための防御施設としての大名屋敷の事例をあげた。譜代大名の屋敷配置は、天正年間に割り与えられて以来、江戸城築城とともに外堀や外郭門を通過する主要道を見下ろす高台にあったことがうかがえた。

家康入部当時の江戸には、半蔵門《はんぞうもん》を起点とする甲州道、大手門から本町通りという江戸のメインストリートとなる奥州道《おうしゅうどう》、外桜田門を起点とする小田原道などがあった。それに中山道《なかせんどう》と日光御成道《にっこうおなりみち》を加えた五街道が、江戸を起点とする主要道として成立した。

これまで述べた大名屋敷の配置に加えて、奥州道の要衝である浅草門内には、代々関東郡代を勤めた伊奈《いな》家、中山道筋違門《すじかいもん》内には寛永期まで大老を勤めた土井家、甲州道の四谷門内には尾張藩とその付家老《つけがろう》である成瀬《なるせ》家が置かれた。ここに寛永期以降の主要道と、外郭門の防備のための譜代大名の配置をみることができる。徳川一門や有力譜代大名の屋敷配置は江戸城や城下町防備という視点からであることを忘れてはならないであろう。

描かれた江戸城下

国立歴史民俗博物館所蔵「江戸図屏風」（図38）は、紙本金地《しほんきんじ》著色《ちゃくしょく》の六曲一双の屏風で、左隻に江戸城を中心に大手町や外桜田の大名屋敷、日本橋をはじめとした江戸の町、さらには品川や江戸湾を描き、右隻には神田川の以北の外神田・本郷《ほんごう》・浅草、さらには板橋《いたばし》を経て遠く川越あたりまでの郊外を描いている。屏風にみる城下町の範囲は、北は神田川を越えた外神田、南は品川までで、おおむね寛永期までに整備された地域であった。この屏風は三代将軍徳川家光の事績を描いたものといわれ、作成年代は諸説あるが、寛永期頃の江戸城とその城下町を克明に描いた風景図である。

まず、江戸城本丸には家光の天守《てんしゅ》や御殿が大きく占め、西の丸には御殿のほか紅葉山《もみじやま》がある。また、明暦三年の大火後に回遊式の大庭園となった江戸城吹上には尾張・水戸・紀伊の徳川御三家の屋敷が並び、北の丸には家光の弟である駿河藩主松平忠長の屋敷がみられる。さらに江戸城周囲の大名屋敷に着目すると、大手門前には福井藩主松平忠昌や老中の酒井雅楽頭《うたのかみ》の屋敷が描かれている。このように江戸城直下には親藩大名や幕政を担う譜代大名の屋敷が多く、城の南側の外桜田や霞《かすみ》が関《せき》には上杉・毛利・伊達《だて》・鍋島《なべしま》といった有力外様大名の屋敷が並んでいる様子がわかる。

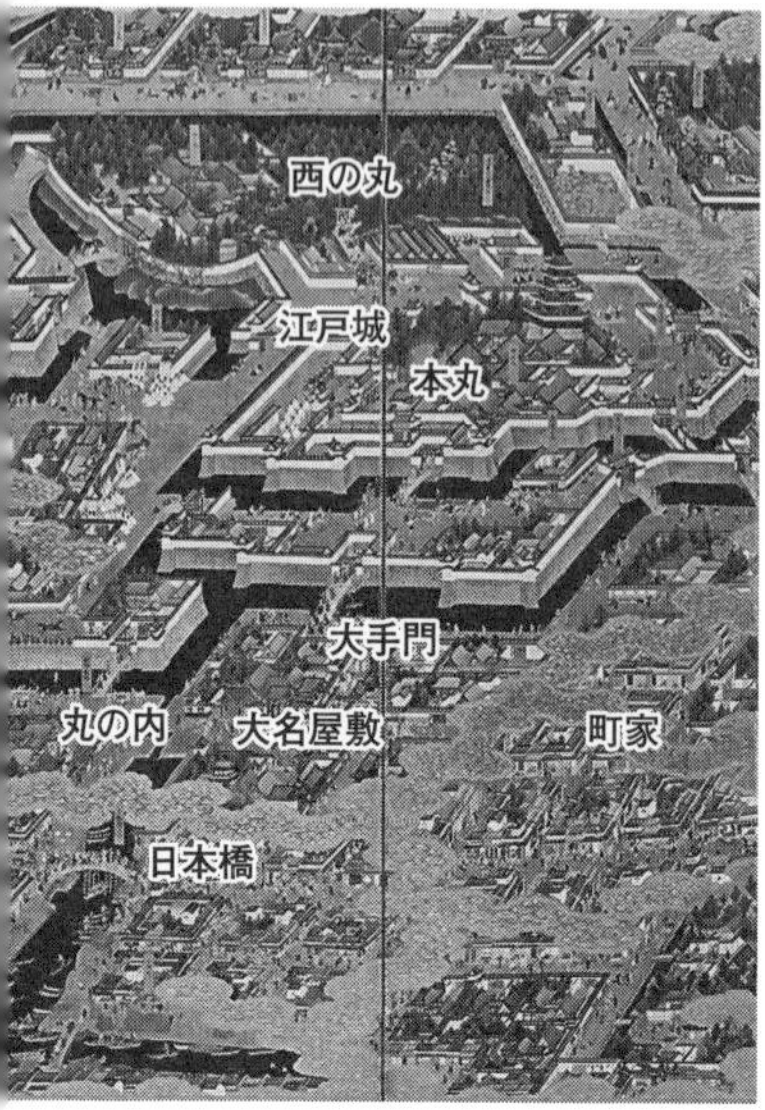

これら大名屋敷は、周囲に塀《へい》や表《おもて》長屋《ながや》がめぐり、角には城郭の隅櫓を彷彿とする二階櫓が描かれ、櫓門など城郭の縮小版ともいうべき構成となっている。吹上や大手門前など親藩・譜代大名の表門は大棟門《おおむねもん》（大きな棟《むね》を持つ四脚《しきゃく》門）となるのに対して、外桜田など外様大名の屋

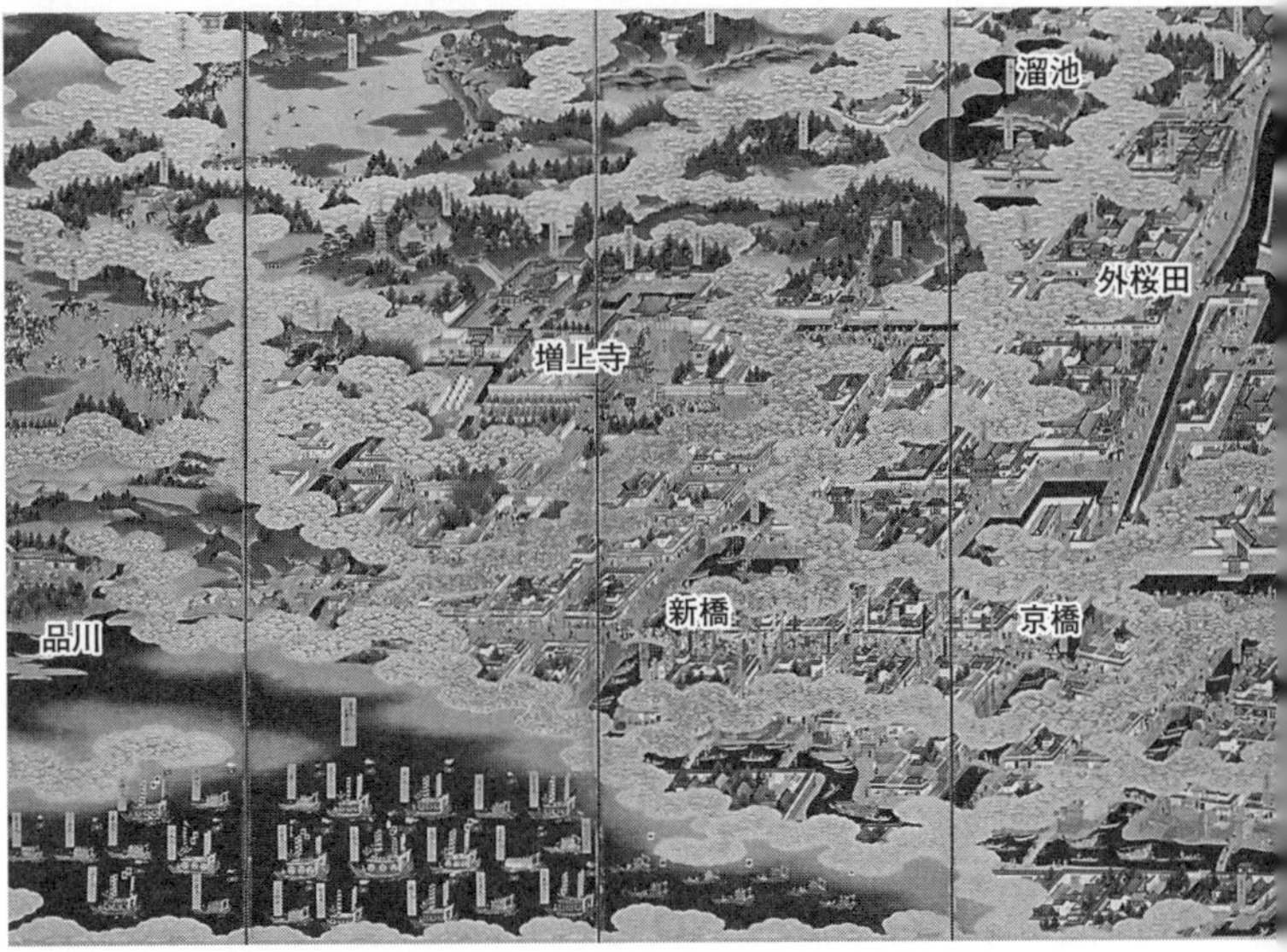

図38　江戸図屏風左隻（国立歴史民俗博物館所蔵，加筆）

敷には二階に櫓を持つ門が多いという特徴がみられる。江戸城に近い屋敷のなかには将軍を迎えるための御《お》成門《なりもん》が描かれており、檜皮葺《ひわだぶき》に唐破《からは》風《ふ》の屋根を設け、華麗な彫刻や金箔瓦などで極彩色に飾られていた。

千代田区丸の内に位置する大名屋敷跡からは多くの金箔瓦が出土している。大名小路の最南端に位置する有楽町《ゆうらくちょう》二丁目遺跡は、徳川一門の十八松平のひとつである藤井《ふじい》松平家の上屋敷である。慶長六～十年（一六〇一～〇五）に拝領し、延宝九年（一六八一）までの約八〇年間この地を屋敷とした。この遺跡からは金箔で彩られた五七桐紋《きりもん》の軒丸瓦《のきまるがわら》・

滴水瓦《てきすいがわら》・鬼瓦《おにがわら》などが多数出土し、漆《うるし》と金箔で装飾された装飾部材が発見された。この部材は霊廟《れいびょう》や御成門など壮麗な建物に使われていたものと同じで、こうした建物がこの屋敷に建築されていた可能性を示唆している。また、丸の内三丁目遺跡のうち豊後佐伯藩《ぶんごさえき》上屋敷跡からは金箔鯱瓦《しゃちがわら》が出土しており、この屋敷内に城郭風の建築物が存在していたことを示している。

このように、「江戸図屏風」に描かれた大名屋敷の姿の一端を遺跡からもうかがえた。そこには櫓門や隅櫓といった戦闘的な備えを持ち、金箔瓦や豪華絢爛な御成門といった桃山風建築がみられるなど、江戸時代初期の江戸城下を彷彿とするものであった。明暦大火後、桃山風建築や櫓を備えた大名屋敷は、奢侈《しゃし》として禁止されていくこととなった。

堀と櫓や枡形門を配備した徳川一門の屋敷

江戸城惣構の完成後も外堀の外側へ江戸城下町は拡大する。四代将軍家綱《いえつな》治世の承応年間（一六五二～五五）に、弟筋にあたる大名の下屋敷に大規模な堀や石垣、櫓、枡形門《ますがたもん》を配置した屋敷が築かれた。このふたつの屋敷は、江戸城外堀普請以後、さらに外側へ広がる城下町を守る象徴的なものであった。

まず、慶安四年（一六五一）に館林《たてばやし》藩主となった徳川綱吉《つなよし》は、後の小石川薬園になる地を、承応元年、寛文二年（一六六二）、同六年の三度に分けて拝領したという。『御府内備考』などによると、この白山御殿《はくさん》の構造は、周囲に堀を巡らして土手や石垣を築き、塀や楼門《ろうもん》、櫓が備えられたという。堀幅は一〇間（約一八メートル）あり、大手門の内側には石垣を二重に築いていた。御櫓大手御門《おおてごもん》は門番を寄合衆《よりあいしゅう》が代わる代わる務めたという。文京区および東京大学埋蔵文化財調査室による発掘調査では、幅一六メートル、深さ二・五メートルという大規模な堀跡が発見された（後藤二〇一二）。この屋敷は綱吉が亡くなると、正徳三年（一七一三）に廃館となり、その跡地は旗本屋敷や薬園となって現在の小石川植物園に至る。

甲府宰相と呼ばれた綱吉の兄徳川綱重《つなしげ》の屋敷は、会津藩保科《ほしな》家と仙台藩伊達家の屋敷の東方に位置する海際に与えられた。一六三〇年代頃まではこの地は葦原《あしはら》であり、承応三年（一六五四）に綱重の下屋敷となり、その後寛文四年（一六六四）に拡張され四万坪という広大な敷地を持つ屋敷となった。宝永元年（一七〇四）に綱重の子綱豊《つなとよ》（家宣《いえのぶ》）が七代将軍になると、この屋敷は将軍別邸「浜御殿《はまごてん》」となった。屋敷は江戸城外堀の幸橋《さいわいばし》門から芝口《しばぐち》門を経て海手方向へ延びる堀の延長上にあり、屋敷外縁には堀を巡らして浜大手門と中之門《なかのもん》という二ヵ所の枡形門が配置されていた。現在、浜離宮恩賜庭園には浜大手門の石垣が残る。

後に将軍を出す徳川一門のこの屋敷は、拡大する城下の北西方向の山の手と南東方向の海手を守る出城的機能を持っていたのである。

今回取り上げた大名屋敷跡のうち、水戸藩上屋敷の庭園は小石川後楽園、紀州藩上屋敷は東宮御所となっている。また、白山御殿跡は小石川植物園内の泉水など地形が保存され、浜御殿跡は浜離宮恩賜庭園として、その多くが残されている。都内の大名屋敷の跡は、近代以降の開発によって多くが失われているが、ここで示した屋敷跡の一部は、現代に引き継がれ、街区や地形とともに現存する遺構が江戸築城とともに整備された大名屋敷の姿を伝えている。

江戸城外堀普請以後の水辺環境と維持管理

溜池と上下水の関係

これまで慶長八年（一六〇三）に始まる江戸城天下普請以降、寛永十三年（一六三六）の江戸城外堀普請に至る築城や城下整備をみてきた。江戸城築城によって、寛永年間には約一五万人であった江戸の人口は、明暦大火前には約二八万人、築城から概ね一〇〇年後の享保六年（一七二一）には約五〇万人に達し、武家人口の五〇万人を加えると、江戸の総人口は一〇〇万人となった。

江戸時代前期から中期にかけての急激な人口増加によって、さまざまな都市的な課題が表出した。ここでは、江戸城外堀の一画である溜池跡での発掘調査によって明らかとなった、江戸城築城以後の堀の役割と水辺環境を紹介しよう。

溜池のある谷は、甲州道中南側の鮫河橋（現在の新宿区若葉町）を起点として、現在の港区赤坂の迎賓館《げいひんかん》・赤坂御所《ごしょ》（旧紀州藩赤坂邸）を経て、日枝《ひえ》神社のある台地南端に至る。この谷と台地の間には、鮫河橋付近で一〇㍍、日枝神社付近では一五〜二〇㍍という落差があり、かつて存在した日比谷入江に注ぎ込む川筋にあたる。

地下鉄南北線溜池山王《さんのう》駅建設時に発見された溜池遺跡の調査によって（地下鉄七号線溜池・駒込間遺跡調査会一九九七b）、この地は縄文時代中期から晩期頃にかけて、谷の周りに湿地林が広がり、弥生時代から中世には草本類が繁茂する湿地環境であったことが自然科学分析で判明した。この環境は中世まで維持され、十三世紀頃には水田が広がっていたと考えられている。中世末から近世初頭に一時期河川となり、その後人為的な行為が加わって池沼化することが確認された。

江戸時代になると、溜池（図26⑨）は寛永十三年の江戸城外堀普請によって、外堀に取り込まれた。外堀完成に先立つ寛永九年の「武州豊島郡江戸庄図」には溜池に「江戸水道の源」と書き込まれている。溜池は幅一一〇㍍、長さ一・五㌔に及ぶ広大な池であった。先の一時期河川環境となったのは、この水道開設によるものであろう。

『御府内備考』巻六五（四谷之五）によれば、溜池はかつて江戸市中の水道であったとされ、その水源は紀州藩邸より流れ、元赤坂町や表伝馬町《おもてでんまちょう》一丁目を通り、田町一丁目で玉川上水の西を流れ、葵坂《あおいざか》あたりで溜池に合流していた。谷の上流である鮫河橋では、

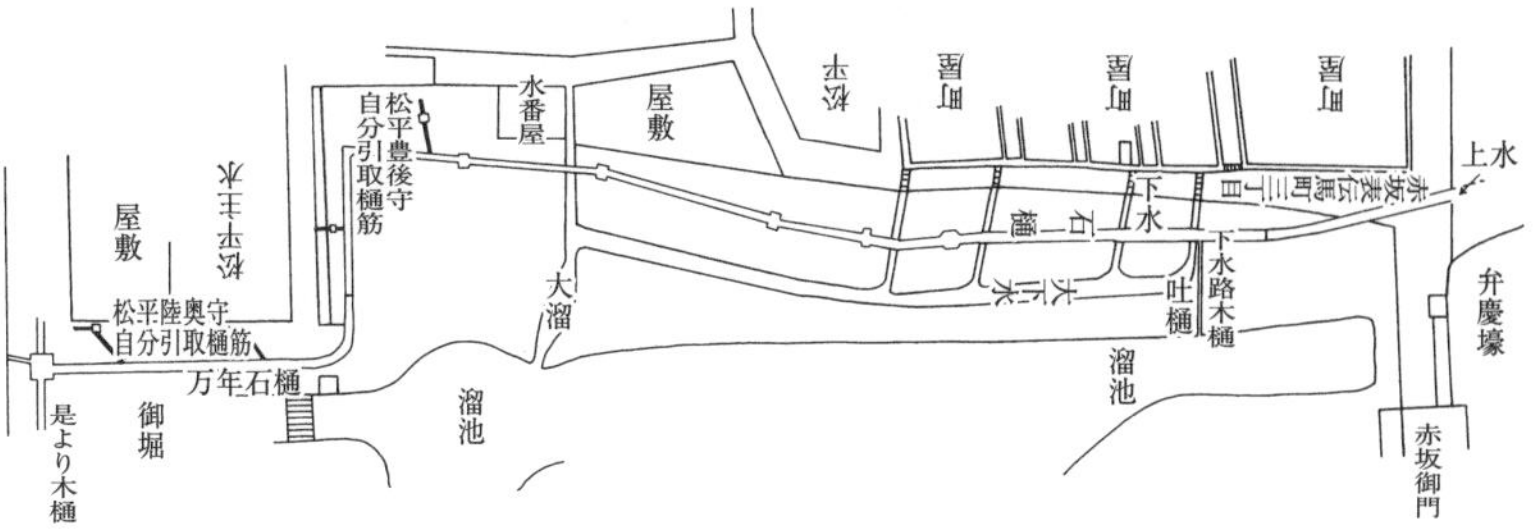

図39　溜池周辺の上水・大下水路図（寛政３年「上水記」東京都水道歴史館所蔵より作成）

沼沢地が多く各所で清水が湧き出ていたといい、この湧き水や周辺からの集水によって、溜池内の谷を流れる河川ができ、江戸時代初期には上水の水源となっていたのである。さらに享保期の『江戸砂子《すなご》』には、鮫河橋を上流とする赤坂川は、流末に桜川と合流する「大下水《おおげすい》」であると記され、溜池の上流は下水として整備され、下流は溜池南岸を流れていたことが確認できる。溜池はもともと江戸水道の水源であったが、十七世紀中葉の玉川上水の完成後は下水として整備されたのである。貞享四年（一六八七）の『江戸鹿《かの》子《こ》』には「その水流るゝことなく、よどむ水なれば」とあり、江戸時代中期にはすでに水質悪化が記載されている。

　図39に東京水道歴史館所蔵の「上水記」をもとに溜池とその脇を流れる玉川上水と大下水の関係を示した。大下水が本来の谷筋の最も深い部分に該当することが発掘調査によって明らかとなり、この谷筋の起点である鮫河橋から流れ、溜池落口付近で溜池と桜川へと分岐され江戸湾に注い

でいたことがわかった。

一方の玉川上水は、紀の国坂を下って台地下の町人地や武家地に給水していた。この溜池では、台地から急激に落ちる谷下付近で、上水の吐樋《はきどい》という水路を作って上水の余水を溜池に排出していた。

「上水記」にみる玉川上水幹線を研究した神吉和夫氏などによると（神吉・榮森・肥留間二〇〇〇）、玉川上水の吐口は一八ヵ所あり、そのうち堀七ヵ所、下水一〇ヵ所、水船《みずぶね》一ヵ所に流していたとされる。このなかの水船とは、隅田川以東の本所・深川など水道施設が配備されていない地域に飲用水を運ぶためのものであった。この溜池周辺の絵図は、江戸市中に配された堀が上下水の余水を受ける、都市河川の貯水池という役割も担っていたことを示している。

このように江戸城外堀の構築では、自然河川が防御の要としての堀、あるいは運河としての堀として整備される一方で、自然河川を大下水として整備して居住環境の悪い低地の宅地開発を促進させ、堀や上水道とともに人工的な水路を築いていった。堀や大名庭園の泉水などで水域環境を維持できたのは、堀川・上水・下水という三系統の都市型河川が連携して存在していたことが大きかった。

溜池周辺の宅地開発

それでは、この溜池とその周辺地域の開発はどのような過程で行われていたのであろうか。慶長十一年（一六〇六）の虎ノ門から幸橋門までの堀普請に際して、浅野家により溜池が築かれ、その完成は寛永十三年（一六三六）の外堀普請に伴うものであった。この工事によって、溜池周辺の低地は埋め立てられ、『御府内備考』によれば、寛永十五年から町人地としての整備が始まり、最下流の赤坂田町四・五丁目は、正保年間（一六四〇年代）までには町人地となった。

溜池遺跡の発掘調査では、宝永四年の富士山火山灰層を境として、十八世紀初頭頃に腐水環境が進むことが判明し、周辺地の開発が進行していたことがわかった。さらに、周辺地域が常に洪水などに悩まされたことも明らかとなり、溜池上水が廃絶して以降、溜池が徐々に埋め立てられて水質が悪化していったことが確認された（図40）。

溜池上水が使われなくなった十七世紀中頃、溜池では北岸域で盛土造成が行われ、その後開発されていったことがわかった。積極的に土地利用がされるのは十七世紀末から十八世紀初頭で、この時期の盛土は、箸や貝殻といった生活で廃棄されたゴミを混ぜたもので、厚さ一・五〜二<ruby>メートル</ruby>ほど埋め立てて地盤とし、その上に屋敷を築き、溜池との境界に護岸を作っている（図40Aライン）。

溜池北岸域では六回の改修を経て徐々に南側の溜池側へ宅地が開発されていき、十八世紀以降も塵芥《じんかい》により溜池は徐々に埋められていく。図40ではBラインが十八世紀後期、Cラインが十八世紀末の護岸で、約一世紀の間で六〇《メートル》以上も溜池が埋め立てられたことを示している。その状況は十九世紀以降も受け継がれ幕末まで幾度も溜池側に向かって護岸

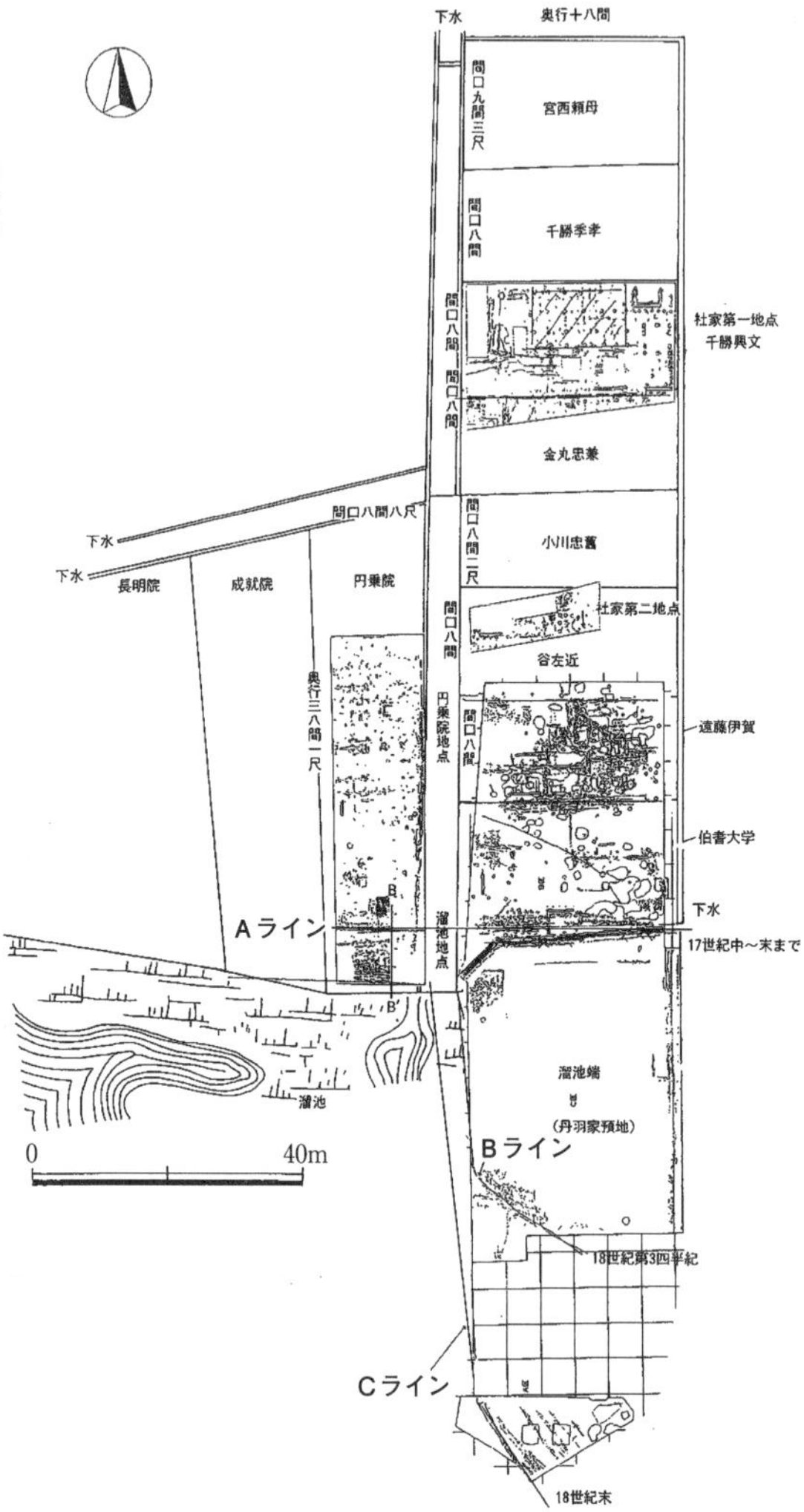

図40　溜池調査図面（地下鉄７号線溜池・駒込間遺跡調査会1997bをもとに筆者作成）

が作り直されていった。

幕府普請奉行が残した『書上帳《かきあげちょう》』（国立国会図書館所蔵、旧幕引継書）などの史料によると、元禄十三年（一七〇〇）に溜池端の干潟が丹羽《にわ》家上屋敷の預地《あずかりち》となり、享保九年から宝暦九年（一七二四〜五九）にかけて溜池端が畑地となる。畑地の拡大の結果、溜池への土砂塵芥の流入により溜池が縮小し、底が浅くなったために起きた水害が記録されている。

そのため、宝暦九年に畑地利用を停止して、大名預地として溜池と屋敷との境界を厳格化し、その境界管理を溜池端に屋敷を持つ大名や旗本の負担とし、溜池への塵芥土砂流入の防止を図るなど、溜池の管理を強化している。

江戸後期の「江戸名所百景」では、溜池がその後も風光明媚な景観が維持されたように描かれているが、実際は十七世紀後半以降溜池端の埋め立てが進行し、十八世紀前葉に溜池周辺が屋敷地として整備を完了する頃には塵芥による埋め立てや腐水の流入によって水域環境が汚染されていったのである。それを示すように十八世紀中頃には溜池の管理を強化しているが、溜池側への屋敷の押し出しは留まることはなく、溜池端干潟への土砂の流入も続いた。明治十年代頃には五間ほどの細流を残すのみで、大半は蘆荻《ろてき》の州《す》となってしまい埋め立ての進行が極限に達していたようである。そして明治時代初期には腐臭という都市問題となり、遂に明治二十二年（一八八九）には溜池全域が埋め立てられてしまうのであった。

江戸城外堀の維持管理

それでは、幕府は人工的に構築された江戸城外堀をどのように維持管理していたのであろうか。江戸城外堀は寛永十三年（一六三六）に完成して以降も諸大名の御手伝普請による災害復旧や、幕府によって維持管理が行われていった。ここでは『書上帳』によって市谷門と四谷門の間にある市谷堀を中心に、外堀の管理の実態をみていこう。普請奉行の役割は、堀周りの土手や石垣の管理、堀浚《さら》い（浚渫《しゅんせつ》）、高札や下水・埋樋《うずみひ》の管理などであり、内堀は小普請方、外堀は普請方が担当した。外堀は年三回の定期的な見回りが行われ、また土砂の堆積で水面に州が浮かぶ時、通船への支障などが判断された時に見回り、水位の維持のための堀浚いが行われた（北原一九九四）。

江戸城外堀の一画である市谷堀では、二度の発掘調査が行われた。史料によると、市谷堀の浚いは寛永十四年以降、多少の差はあるものの一〇年から二〇年の頻度で行われ、幕末に至るまで一九回もの堀浚いが行われていた。市谷堀はもともと旧紅葉川や長延寺の谷など多くの河川が流入した地形で、外堀構築後も大下水が注がれており、これらの地下水によって土手が崩壊し、その修築が行われていた。それを示すように、地下鉄南北線市ケ谷駅の発掘調査では長延寺の谷に面した土手から修復痕跡が多数発見された（地下鉄七号線溜池・駒込間遺跡調査会一九九四a）。

外濠《そとぼり》公園での市谷堀底の発掘調査では、寛永期から昭和初期の埋め立てまでの堆積物が約五〇チセンの厚さで堆積していた。最下層には宝永四年（一七〇七）の富士山噴火の火山灰の堆積がみられ、その上部に堆積した土層から採取した植物片の放射性炭素年代測定によると、約一四五年前で誤差±二〇年という結果が得られた。つまり、十八世紀初頭の堆積土の上には十九世紀初頭の堆積土がのることから、史料で把握されたように頻繁に堀浚いが行われていたことを裏付ける成果であった。さらに自然科学分析によれば、宝永四年降下の火山灰層を境として水位が上昇する傾向がうかがえた。これは玉川王水や大下水から市谷堀への注水などによって、流水が増えたことを示すものであろう（新宿区教育委員会ほか二〇一七）。

この溜池と外堀の事例は、幕府が浚渫や注水など外堀の水質保全に努めている一方で、人口の急激な増加によって堀周辺地の宅地開発が行われてゴミの不法投棄が続き、水質悪化も進んでいたことを示す。外堀は都市の生活環境問題を凝縮する地域でもあった。

築城後の江戸城の改変

明暦三年の大火と江戸城修築

修築の経過　明暦三年（一六五七）正月十八日、江戸市中は火事に見舞われた。本郷《ほんごう》の本妙寺《ほんみようじ》より出火、湯島《ゆしま》・神田《かんだ》・日本橋《にほんばし》を焼き尽くし、隅田川《すみだがわ》を越えて深《ふか》川《がわ》まで焦土と化した。翌十九日にも強風は続き、小石川伝通院《こいしかわでんつういん》前の屋敷から出火、牛込《うしごめ》・田安《たやす》・神田橋・常盤橋《ときわばし》・呉服橋《ごふくばし》の諸門を焼き、遂に江戸城内にも火が入り、天守《てんしゅ》のほか本《ほん》丸《まる》・二の丸・三の丸の御殿も灰燼《かいじん》に帰した。夕刻には麹町《こうじまち》五丁目から火の手があがり、西の丸下や桜田一帯から山王《さんのう》、日比谷《ひびや》、愛宕《あたご》下の大名屋敷、増上寺《ぞうじようじ》一帯を焼き尽くして海岸でやっと止まった。

焼死者三万七〇〇〇人余りといい、江戸町人には大きな動揺が広がったため、幕府は江戸市中の治安維持に努めた。そのため江戸城再建は延期となり、架橋など交通網や城下の整備を急いだ。

江戸城の修復工事は、世情が安定した同年五月に本丸の普請《ふしん》から始まる。天守台《てんしゅ》の石垣工事は金沢藩主前田綱紀《まえだつなのり》が、そのほか本丸石垣は熊本藩主細川綱利《ほそかわつなとし》、陸奥二本松《むつにほんまつ》藩主丹羽《にわ》光重《みつしげ》、美濃大垣《みのおおがき》藩主戸田氏信《とだうじのぶ》、松代《まつしろ》藩主真田信政《さなだのぶまさ》が担当した。

石垣工事が終わった後の天守の再建は、四代将軍家綱の叔父で、その補佐役であった保科正之《まさゆき》が「軍用益なく唯観望に備えるだけの天守」として無用とした。初代家康から三代家光までの将軍権力のシンボルであった江戸城天守は、遂に建築が実行されることはなかった。この天守のない江戸城の出現は、幕藩体制の大きな転機となった。幕府の二条城や大坂城、前田家の金沢城や黒田家の福岡城、山内家の高知城、紀州徳川家の和歌山城など、火災や落雷によって消失した天守は、権威の象徴という役割を終え、そのまま再建されなかった。

一方で、明暦大火で被害を受けた本丸天守台や本丸登城路《とじょうろ》の中之門・下乗門《げじょうもん》周辺では、安山岩《あんざんがん》による石垣ではなく、西日本の瀬戸内海沿岸や紀伊半島に分布する花崗岩《かこうがん》を主体とする石垣が組まれた。それまでの江戸城の石垣では角石《すみいし》など一部に装飾的な意味合いで花崗岩が使われたが、本丸でも中心的な部分に花崗岩の石垣を築くことによって、江戸城が西日本も含めた天下の府となったことを示したのであろう。

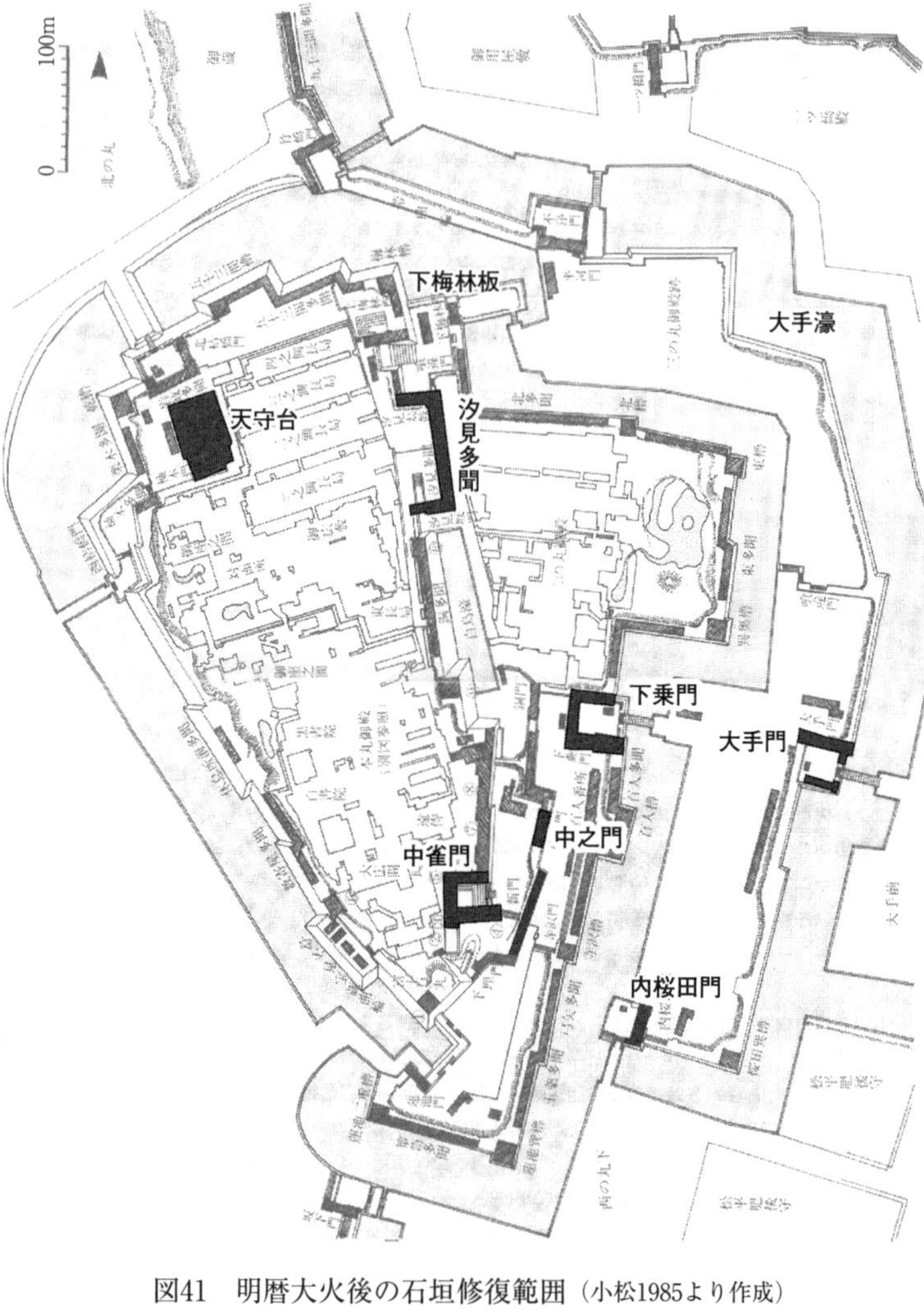

図41　明暦大火後の石垣修復範囲（小松1985より作成）

前田家による天守台石垣改築

万治元年（一六五八）の江戸城天守台修築を担当した前田家が記した『江府《こうふ》天守台修築日記』には、詳細な石垣築造過程が残されている。その記録をもとに修築の経過をみていこう。

江戸城天守は本丸北側にあり、本丸周囲は幾重にも堀が取り巻いていたため、まず瀬戸内海沿岸から大船で運ばれてきた巨石を本丸へ運ぶルートの確保が必要であった。この巨石は、摂津国《せっつのくに》御影《みかげ》の石山（神戸市六甲山系）から切り出された数十トンの重さの花崗岩であった。この日記には江戸城外堀にある神田橋脇の護岸石垣延長五〇間（約九〇メートル）を崩して、神田橋と土屋但馬守《つちやたじまのかみ》邸の間に波止場《はとば》を造ったとある。石船は石一二〜一三個を載せた石船が深川の三俣《みまた》に到着し、巨石は小型の石積取船に積み替え、大川《おおかわ》（現在の隅田川）から日本橋川を経て波止場へ運ばれた。波止場からのルートは、現在の内堀の大手濠《おおてぼり》（日記では酒井雅楽頭《さかいうたのかみ》殿前の御堀）と下梅林坂《しもばいりんざか》前の堀に仮橋を架けて本丸に運んだ（北垣二〇〇三）。

明暦四年三月十四日に波止場づくりが始まり、一ヵ月後の四月八日に最初の石船が到着した。江戸城普請工事担当を担当したひとり、亀岡石見《かめおかいわみ》が著した『明暦懲毖録《めいれきちょうひろく》』（杉田玄白『後見草』所収）には寛永期の既存石垣の根石《ねいし》二段目まで取り除き、これより上をすべて御影石（花崗岩）に取り替えたとある。

図42　旧江戸城天守台

『江府天守台修築日記』によれば、五月四日に藩主前田綱紀以下公儀奉行の前で天守台戌亥《いぬい》（北西方向）の一番（根石）角石を据えて着工したということから、石垣の隅角《ぐうかく》部一辺の位置や角度を決めてから、工事を開始したのであろう。天守台は同年九月二十六日に完成した。この普請では伊豆石《いずいし》による高さ七間の寛永期天守台を、高さ六間の御影石に取り替えて天守台を築いた。解体した石垣石の一部は、本丸登城口の御玄関前升形見附（中雀門《ちゅうじゃくもん》）の石垣に転用されたと記されている。

この記録には石垣築造の指示が詳しく箇条書きで記されている。現存する天守台石垣と対比しながら、少し詳しくみていこう。石材は角石および角脇石《すみわきいし》と平石《ひらいし》（隅角部以外の石材）を大中小の大きさで区分して切石《きりいし》を採石したとある。角石および角脇石は、大を一七石、中を一七石、小を一六石とし、平石は大を三五〇石、中を四六〇石、小を六二〇石としている。たしかに、現存する天守台は、大形の石材を下三段に積み、その上には中規模のものを三段、さらに小形のものを積むというようになっている。上に行くほど小形化することで、上段の重量を軽減するとともに高く聳える石垣という視覚効果を図ったものであろう。

また、角石の端口（上下の接着面）は、奥行一尺（約三〇チセン）以内、高さ二、三寸（六～九チセン）を掻き取り、控え部分の密着を念入りに行うという。これは大きな石の表面を上下で直接合わせると、上の石の重みで石の表面が欠けてしまうため、それを防ぐために切り掻く技法である。皇居東御苑にある天守台や下乗門、中之門といった、この時期に構築された巨石を用いた切込みハギの石垣には現在もこうした技法をみることができる。さらに表面には「中すだれ」という装飾を施し、石垣裏込めには堅い栗石《ぐりいし》を選び、縦目地が通らないように積むこととしている。かなり細かい内容が指示されている。

この天守台普請に対して前田家が負担した人足は、実に一万人に及んだといわれ、このうち国元の百姓は四〇〇〇人を負担し（木越一九九六）、加賀藩領でもかなりの負担が強いられていたことがわかる。

さらに石垣築造技術者は、公儀穴太《あのう》の戸波駿河《とばするが》、堀金出雲《ほりがねいずも》、戸波三河《みかわ》、戸波丹後《たんご》が担当した。彼らは近江坂本（滋賀県大津市）を本貫《ほんがん》とする穴太衆の系譜にあった人物である。さらに美濃屋庄次郎《みのやしょうじろう》と同弟太郎兵衛《たろべえ》を穴太衆として取り上げている。前田家の歴史書

『菅君雑録』では庄次郎を「手木者之頭《てこのものかしら》」としており、彼らは作業員の手配など工事全般を取り仕切る、現在のゼネコンのような職人集団であったろう。美濃屋庄次郎は、その後幕府中枢に深く入り込むこととなり、後述の元禄十六年（一七〇三）地震後の本丸石垣修復に際して汐見櫓台石垣修復を担当したことが刻銘石から判明した。こうした江戸中期以降、江戸町人が公儀普請を担当した例は、亀岡久兵衛や日光甚右衛門、佐見屋四郎兵衛、岡又左衛門などにも見受けられ、公的工事が民間の技術者へ移行していったことが明らかとなった。

熊本藩細川家による中之門石垣改築

渡櫓《わたりやぐら》台石垣をもつ中之門は、大名の江戸城登城路のうち、大手門から下乗門を入って、中雀門、本丸御殿に至る重要な通路に位置する（図41）。本丸と二の丸が分岐する中之門周辺は、百人番所や大番所などで守られ、巨石を用いた石垣が続く象徴的な空間であった。

この石垣は、慶長十二年（一六〇七）に藤堂高虎により縄張され、その後明暦大火（一六五七年）の翌年に熊本藩細川家により修復、元禄十六年（一七〇三）地震後に鳥取藩池田家により修復されている。合計三回の石垣修築が行われており、現在残っている花崗岩による石垣は万治元年（一六五八）に造られた石垣を宝永元年（一七〇四）に修復したものである。

『細川家文書』によれば、万治元年の中之門石垣修築にあたり、新たに紀州藩から「熊《くま》野曽根石《のそねいし》」（三重県尾鷲市）の花崗岩や「伊豆御影」（静岡県下田市など）の凝灰岩《ぎょうかいがん》が、岡山藩池田家から「犬島石《いぬじまいし》」（岡山県岡山市）と福岡藩黒田家から「塩飽島石《しわくじまいし》」（香川県丸亀

図43　江戸城中之門

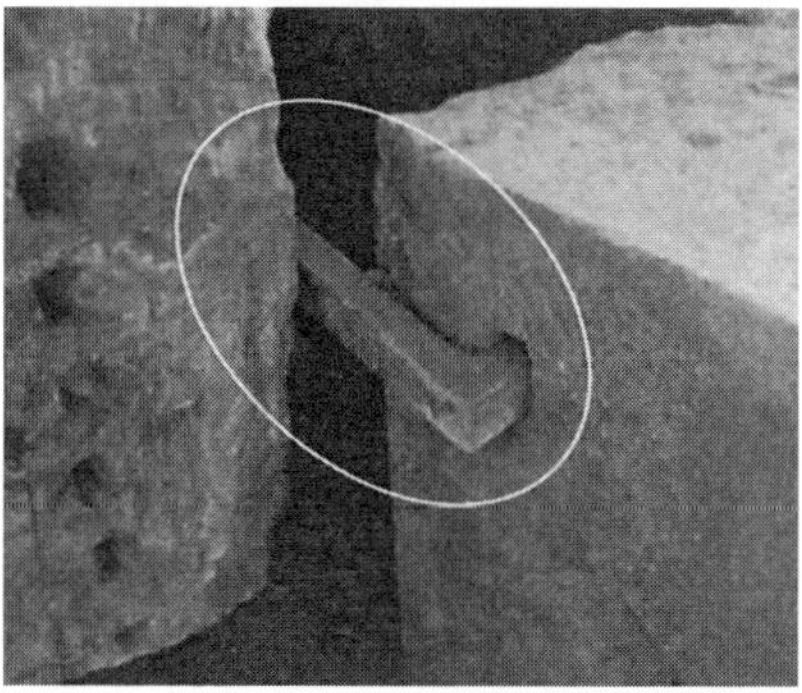

図44　中之門出土大鎹（宮内庁2007より）

市）といった瀬戸内海沿岸から採石された花崗岩が、進上石として深川に集められ、細川家が受け取った。

この史料によれば、先述の天守台改造では美濃屋庄次郎が前田家に抱えられたため、細川家は石垣構築技術が長けた江戸の町人石屋（亀岡）久兵衛に石積みを依頼したという。この時、鍬九三〇丁、石切ノミ九八〇〇本、矢（くさび）八〇〇枚が細川家の国元から送られた。

石垣発掘調査の結果、現存する石垣は控え（奥行き）の短い花崗岩の巨石が使われ、石垣を支えるために、青銅製の長い大鎹《おおかすがい》などにより背後の石材を留めていた（宮内庁二〇〇七）（図44）。この大鎹という留め具は、二本の青銅製具を繋ぐために木工の継手《つぎて》が応用されていた（図43）。

加賀藩も天守台石垣修築で江戸町人を起用しており、十七世紀後半には天下普請による築城時とは異なる構築体制になるとともに、その技術も多様化していったものと思われる。

江戸城本丸汐見櫓台の石垣改築

江戸城本丸東方の上梅林坂門から汐見坂《しおみざか》門に至る石垣は、長さ約九六メートル、高さ約一四メートルであり、石垣上には多聞櫓《たもんやぐら》と北端に二重櫓が建っていた（図41）。発掘調査の結果、寛永十四年（一六三七）、明暦三年（一六五七）、宝永元年（一七〇四）という三時期の石垣改修が確認された（千代田区立四番町歴史民俗資料館二〇一一）。

明暦三年改修の石垣は、寛永期の低い石垣上に築いたもので、切込みハギで造られている。石垣背後の裏込めと盛土層の間に石積みを築いて囲い、その中に明暦大火によって生じた本丸御殿などの瓦礫を埋めていた。

瓦礫から出土した遺物の多くは、焼けただれた瓦類で、なかには原形を留めない瓦の塊もみられ、明暦大火による本丸御殿などの被害の大きさがうかがわれた。これら遺物のなかには三葉《みつば》葵《あおい》紋を付した鬼瓦があり、軒平瓦《のきひら》の軒文様をみると、大坂で製作されたものが主体となる。これらは寛永年間に建設された本丸御殿に葺《ふ》かれたものと考えられる。また、焼けた肥前陶磁器に混じって龍泉窯《りゅうせんよう》の青磁《せいじ》や景徳鎮窯《けいとくちんよう》の青花《せいか》など中国磁器がみられた。これらは一六二〇年から四〇年代の特徴を持つもののほか、中国磁器では十四・五世紀代の明代初期に作られたものもみられ、これらは御殿などに飾られた将軍権威を示す遺物と考えられる。

明暦大火で焼失した江戸城本丸御殿再建に先立ち、二の丸東照社跡地に石垣を積増《つみまし》して本丸を拡張し、明暦三年十一月に完成した。同年九月には天守台や二の丸の喰違《くいちがい》や銅門、中雀門・中仕切《なかじきり》門などの石垣修築が命じられ、その後に本丸御殿の作事が行われた。『柳《りゅう》営日次記《えいひなみき》』によると、本丸御殿は万治二年（一六五九）正月に鍬始《くわはじめ》があり、八月に竣工した。この御殿は幕末の火災によって焼失するまで、改造を受けながらも二〇〇年近く維持された。

この作事に使用された瓦の流通を示す可能性のある遺跡が静岡県熱海《あたみ》市の初島《はつしま》沖で発見されている。二〇一一年にアジア水中考古学研究所が行った調査によると、沈没船と考えられる板材上に瓦や擂鉢《すりばち》など多くの積み荷が確認されたという（林原二〇一三）。この中には三葉葵鬼瓦や瓦当文様《がとうもんよう》から大坂で製作された軒平瓦のほか軒丸《のきまる》瓦や平《ひら》瓦などが多量に積まれており、丹波《たんば》産の擂鉢も発見され、西国から江戸へ向かう廻船《かいせん》の積荷と考えられる。史料との関係から明暦大火後や元禄地震後の江戸城修築、あるいは宝永七年（一七一〇）の芝口門修築に伴うものの可能性が指摘されている（長井二〇一八）。発見された遺物の特徴から明暦大火後の可能性が最も高いとされている（櫻田二〇一七）。

江戸城本丸での発掘調査や初島沖海底遺跡の調査成果は、江戸城修築にあたり、建築材や生活物資、さらには石垣材など多くの物資が上方から運ばれていた一端を示している。さらに江戸城のみならず城下への海運ルートの解明にも役立つものであろう。今でも伊豆半島沖には他にも江戸時代の沈船があるという。水中考古学の成果が江戸時代の考古学研究の進展に繋がる可能性を秘めている事例である。

元禄十六年大地震後の江戸城修築

修築の経過

江戸時代中期に日本列島は未曾有の災害に見舞われた。元禄十六年（一七〇三）十一月二十三日の大地震は、相模《さがみ》トラフを震源とし、関東平野に地震と津波をもたらした。さらに宝永四年（一七〇七）十月四日に東海道沖から南海道沖を震源域とする宝永《ほうえい》地震が発生した。この地震は東海道から畿内、中国四国の広範囲に及ぶ江戸時代最大級の地震であった。この四九日後には富士山噴火が発生した。十七世紀末から十八世紀初頭の時期は、江戸時代始まって以来の巨大災害が連続したのであった。

元禄地震は房総半島、相模湾沿いの地域に大きな被害を及ぼし、江戸市中もその例外ではなく、最大震度六強と考えられている。その後に発生した火災は市中の三分の一を焼失したといい、江戸城東方の低地帯および谷筋の被害が大きかったことが確認できる。

江戸城では石垣修理に二三家の大名が動員された。幕府作事奉行《さくじぶぎょう》配下御大工頭《おだいくがしら》で、この修理を事実上差配した、幕府大工頭鈴木長頼の『鈴木修理日記』によれば、十一月二十七日に城内被害箇所を検分し、本丸、二の丸、西の丸などを三〇万石級の大名二名程度、内桜田から吹上方面の堀は一五万石級の大名二名に普請を担当させるとした。また、外郭では常盤橋、神田橋《かんだばし》、一橋《ひとつばし》、雉子《きじ》橋、田安《たやす》門、半蔵《はんぞう》門、外桜田門、日比谷門、馬場先《ばばさき》門、和田倉《わだくら》門を一〇万から一六万石までの大名に命じることとした。これら修復箇所をみると、先の地震被害の高い地域と同じ地域に集中していることがわかる。

この検分結果は直ちに老中《ろうじゅう》・若年寄《わかどしより》に報告され、提案通りに修復が計画された。すなわち、本丸・西の丸を取り巻く中心部の修復は、第一期普請組として萩《はぎ》藩毛利家や鳥取藩池田家など大名七家が命じられ、次の江戸城内郭を担当した第二期普請組は福井藩松平家など七家、江戸城外郭を担当した第三期普請組は磐城平《いわきたいら》藩内藤《ないとう》家など七家であった（北原二〇一六）。

すべての修復が終了したのは、宝永元年十一月二十八日であるから、普請命令が発令されてから丁度一年を要したことになる。この間、津《つ》藩主藤堂高睦《たかちか》が普請助役を命じられたが、翌日の火災で屋敷が焼失したため免除され、鳥取藩主池田吉泰《よしやす》が代わった。普請助役大名のうち、最も知行高が大きい萩藩毛利吉広《よしひろ》は西丸下桜田から半蔵門、次いで池田吉泰

（三二万石）は内郭《ないかく》の大手下乗橋門と中之門、柳川《やながわ》藩主立花鑑任《たちばなあきたか》（一〇万九六〇〇石）は蓮《はす》池《いけ》門を担当し、そのほか和田倉、馬場先、内桜田、日比谷門など二三家の大名が石高に応じて指定された崩落箇所の修築を担った。それでは、発掘調査が行われた地点の各普請状況をみていくこととする。

汐見櫓台の再修築

明暦三年（一六五七）に修築された本丸汐見《しおみ》櫓《やぐら》台《だい》石垣は、元禄地震によって大きく崩れ、宝永元年（一七〇四）に石垣が積み直された。

福井藩主松平昌親《まさちか》と日向飫肥《ひゅうがおび》藩主伊東祐実《いとうすけざね》が本丸入口の御玄関前（中雀門）二重櫓や二の丸銅門、汐見坂高石垣《たかいしがき》および多聞《たもん》・二重櫓、上梅林坂門二重櫓あたりを請け負っており、汐見櫓台石垣はこの二家が担当した範囲に該当する。工事は同年四月二十八日より開始され、五月十八日には霊巌島の屋敷から大石三〇個を持ち込んだ。八月二十二日には「御手伝場所」のうち、二の丸銅門並びに多聞の普請が完了し、十一月二十日にはすべての御手伝普請が完了した。

このように基本的には大名御手伝普請の形をとっているが、発掘調査したところ、石垣最上部の石垣石の控え裏に「□永元年甲申□月十九日□濃《(美)》屋庄次郎築之」という刻銘が発見され、実際の修復には、明暦大火後同様に町人の手によることが明らかとなった。

この発掘調査では石垣上に多くの礎石が発見され、その並びから汐見二重櫓と多聞櫓二棟のものとわかった。また、石垣下から炉跡と考えられる二五〇基を超える石組遺構や多数の埋桶《うめおけ》遺構が発見された。これらの遺構は、少なくとも明暦年間以降に造られたもので、江戸時代後期に該当する。現存する絵図面等では石垣直近のこの場所に施設などは認められないため、継続的に利用された施設ではない。特に石組、瓦組の炉跡がこれだけ集中する遺構は、江戸遺跡では極めて珍しい。そのため、当初石垣普請に際して楔《くさび》などの工具を修理するための鍛冶炉《かじろ》などの用途も考えたが、鉄滓《てっさい》などが出土していないため鍛冶炉とは断定できず、竈《かまど》など煮炊きの用途を想定し、埋桶とともに水周りなどに関連する作業場であったと推定された。

『東京市史稿』皇城篇巻三によると、この場所では天保五年（一八三四）に二の丸舞台の修復、翌六年に汐見二重櫓と多聞櫓の修理が行われ、天保十五年、弘化三年（一八四六）、安政六年（一八五九）には度重なる城内の災害に見舞われている。この安政六年の江戸城内の火災に伴う本丸御殿建設工事に際して、二の丸喰違門外に湯小屋《ゆごや》を建てたという。湯小屋とは、作業現場で人足《にんそく》等に飲食を供する小屋のことである。記録に見られる場所との合致や発見された遺構の用途から、石垣下の遺構は湯小屋との関連性が高い。この場所には石垣上の二重櫓、多聞櫓の再建に際しての作業場が営まれていたと考えられる（千代田区立四番町歴史民俗資料館二〇一一)。

内藤家による溜池櫓台の修築

磐城平藩内藤家は元禄地震後の第三期の御手伝普請であった。宝永元年(一七〇四)五月二十九日に老中奉書によって普請命令が出され、内藤家上屋敷のある虎ノ門に近い溜池落口と幸橋の二ヵ所を担当した。

『内藤家文書』には、その実態が詳らかに記録されている。以下では溜池櫓台修復の過程をみていくことにしよう。

前述したように、溜池櫓台は寛永十三年(一六三六)の江戸城外堀普請で築かれた隅櫓台石垣である。『内藤家文書』(「覚帳抜書」)によれば、老中奉書が出る二週間ほど前の五月十六日に幕府は内藤家の上屋敷に面した櫓台に川原豊前《かわはらぶぜん》と石屋(亀岡)久三郎を派遣検分させている。普請丁場は六月十六日に内藤家に引き渡され、それを受けて内藤家では足軽小頭《あしがるこがしら》五人と足軽五〇人、郷足軽三〇人、郷中間《ちゅうげん》七二人を国元から呼び寄せている。

十七日には、溜池石垣崩方《くずしかた》(撤去)を民間委託するための入札が内藤家によって行われ、その結果、鹿嶋屋勘兵衛《かじまやかんべえ》が一番札、二番札が近江屋庄兵衛《おうみやしょうべえ》となり、この両名に命じている。翌十八日、石垣築方(築造)は幕府が検分依頼した石屋久三郎らに命じ、両者が見積もりを提出している。このことから、崩落した石の片付けや変形した石垣を崩す工事を民間入札によったが、石垣築造は幕府が任命した、高い技術を有する石工職人が行ったことがわかる。

『内藤家文書』によると、幕府から櫓台石垣の検分を請けた石屋久三郎は、石垣取り壊し時の様子や工事中に現地に赴いていることから、江戸城石垣修理工事全体の統括的立場にあったと考えられる（水品二〇〇四）。

彼は万治元年（一六五八）の石垣修復に際して、細川家から中之門石垣修理に参画した石屋久兵衛の子息と考えられ、宝永四年の『宝永武鑑』には亀岡久三郎が御石屋として記載され、江戸時代中期以降、亀岡家は幕府公認の「石切方肝煎《きもいり》」となっていた。

幕末期の災害と江戸城修築

度重なる幕末の災害と江戸城修築

幕末には天保九年（一八三八）の西の丸炎上、天保十五年の本丸炎上、嘉永五年（一八五二）の西の丸炎上、安政二年（一八五五）の大地震、安政六年の本丸炎上、文久三年（一八六三）の本丸大奥炎上、慶応三年（一八六七）の二の丸炎上など、江戸城では災害が相次いで起こった。

天保十五年の火災では、明暦の大火後およそ一五〇年間存続した本丸御殿を焼失することとなった。大奥長局《おおおくながつぼね》から出火し奥向《おくむき》は全焼し、表向《おもてむき》も類焼した。御殿は幕府の基金や諸大名の献金などによって、年内（弘化元年に改元）に再建された。

続く安政六年の火災は、本丸表向の中之口より出火し、表向、中奥、大奥の御殿、長局、広敷《ひろしき》など本丸御殿全域が焼失し、翌万延元年（一八六〇）に再建された。

文久三年の火災では、本丸大奥から出火し、本丸のみならず、二の丸・西の丸の御殿が焼失し、幕府財政の窮乏によって、本丸御殿は遂に再建されなかった。火災後、本丸御殿以外は再建されるものの、慶応三年の火災で二の丸御殿が再度焼失すると、西の丸御殿を残して更地となり幕末を迎えることとなった。

石工文書による安政大地震後の修築

嘉永七年の開国後、翌安政二年に起きた大地震では、江戸城の石垣が多数の箇所で崩落した。しかし、各藩は台場建設や海岸防備役に動員されていたから、幕府は元禄地震のように崩落した石垣を大名に課す御手伝普請を命ずる余裕はなく、幕府自らの手で行わざるを得なかった。

幕府普請奉行が石垣修築の入札業者を募るため、崩落箇所を描く絵図を写し取った図面「安政三年江戸御城外御城堀絵図」が戦国時代以来続く石工《いしく》棟梁《とうりよう》の青木家に残されている。おそらくは入札に応じるために同家が幕府普請奉行役宅に掲げられた絵図を直接書き写したものと推定されている。青木家が担当した三三ヵ所の崩落場所は、元禄地震の崩落箇所に重なる部分も少なくない（北原一九九五）。

この時被害を受けた城門は、江戸城内堀では大手・坂下・下乗・内桜田・平河・外桜田・日比谷・馬場先・和田倉・竹橋・清水・田安・半蔵で、江戸城外堀では雉子橋・一橋・神田橋・常盤橋・呉服橋・鍛冶橋・数寄屋橋・山下・幸橋・虎ノ門・赤坂・四谷・市谷・牛込・筋違《すじかい》・浅草などほとんどの外郭《がいかく》諸門である（東京大学地震研究所一九八五）。

青木家の図面によれば、内堀では坂下門・外桜田門・日比谷門櫓台・和田倉門・馬場先門・清水門・田安門から半蔵門を経て外桜田門にかけての土手および石垣を修理した。外堀では雉子橋・一橋・神田橋・常盤橋・呉服橋・数寄屋橋・山下門・虎ノ門外といった低地に築かれた石垣のほか、台地にある四谷門も修理されたことがわかる。

このように安政大地震では江戸城内堀や外堀など多くの石垣が崩落し、その修理は入札で行われたことが青木家の史料からうかがい知ることができた。

天下普請以後の災害と石垣修理

江戸城天下普請は、織田信長以来の天下人の築城で、大名への軍役として始まった。徳川家康の時代には割普請《わりぶしん》という個々の大名が独自に工事を行う形態であったが、天下普請最終段階の家光による寛永十三年（一六三六）の外堀普請では、国持大名を筆頭として十数家の大名をひとつの組に編成するという体制になっていた。

こうした工事体制は、明暦大火後の万治元年（一六五八）には大名による御手伝普請を基本としながらも、江戸町人が労働者などを手配する体制へと変化し、その後元禄地震後の宝永元年（一七〇四）の修理では、町人による工事予算の算定や入札から工事を請け負うという現代の契約に近い方法も取り入れられた。さらに幕末の安政大地震（一八五五年）後は幕府から直接町人への請負工事が認められた。

近世の石垣は自然石を利用した野面積《のづらづ》み、その後粗加工の打込みハギ、精緻な加工の石で積む切込みハギと推移し、積み石の密着度が増したことにより急勾配の高石垣へと発展してきた。石垣は城の重要な防御施設であるため、こうした変化は防御を高めるための重要な技術であった。しかし一方で、こうした石垣は崩落や変形の要因ともなるため、十七世紀中葉以降の江戸城石垣修復にあたり、石垣背後に石積みを築き、あるいは大鎹《かすがい》で背面の石材と築石《つきいし》を留めるなど、補強材を造ることで急勾配・高石垣の築造が可能となった。

石垣背面石組などを配する事例は、江戸城だけではなく仙台城や甲府城など他の近世城郭でも認められている。仙台城では、現存石垣を含めて三時期の石垣が発見されており、最終段階の十七世紀後葉の石垣は、背面補強に「階段状石列」が確認された。甲府城天守曲輪《くるわ》では「裏石垣」と称する、石垣背面の裏込栗石と盛土の境界に築かれた石組みが発見された。このように十七世紀中葉には、石垣を補強するために背面にさまざまな構造物を築いていたと考えられる。

およそ三〇年間続いた江戸城築城は、寛永十三年に完了し、その後の大半は石垣修復工事となった。この間、工事体制の変化や築造技術が多様化していったのである。

江戸城廃城から皇居へ――エピローグ

明治初期の東京都市改造

慶応三年（一八六七）、将軍徳川慶喜は大政奉還《たいせいほうかん》を行い、朝廷は「王政復古の大号令」を発して薩摩・長州藩などとともに新政府を組織した。翌年、新政府軍は鳥羽・伏見で幕府軍を破り、戊辰《ぼしん》戦争が勃発した。朝敵とされた慶喜は恭順の意を示して寛永寺に蟄居《ちつきょ》したが、新政府は東征軍を結成し、江戸へ進行した。三月、江戸城総攻撃を前に幕臣勝海舟《かつかいしゅう》・東征軍参謀西郷隆盛《さいごうたかもり》らの会談が薩摩藩邸で行われ、江戸城は無血開城した。その後、明治二年（一八六九）に函館五稜郭《はこだてごりょうかく》が落ちるまで旧幕府勢力の抵抗が続いた。

大久保利通《おおくぼとしみち》は大坂遷都を検討していたが、前島密《まえじまひそか》が江戸への遷都を建白書にして大久保利通へ直訴した。その建白書では、空き家となった江戸の大名屋敷などの武家地は、役所や学校、役人邸宅としてそのまま使えること、天皇の住まう皇居は、江戸城をそのまま活用することができると強調し、江戸には諸外国から来る巨大船が停泊する港を容易に築造可能であるとした。さらに大木喬任《おおきたかとう》と江藤新平《えとうしんぺい》も岩倉具視《いわくらともみ》に東京遷都を建白している。

こうして、明治元年七月十七日、江戸を東京と改称する詔書が発せられ、江戸が引き続き首府としての機能を維持することとなった。九月二十日、明治天皇は京都を発し、十月十三日、江戸城西の丸に入って江戸城を東京城と改称した。一度京都に還幸《かんこう》した天皇は明治二年三月二十八日、再び東京に行幸《ぎょうこう》して東京城を皇城に改称し、東京奠都《てんと》が実現したのである（佐々木一九九〇）。

前島の建白通り、旧江戸城周辺の空地となった大名屋敷は、陸軍施設や明治政府の役所、政府役人や皇族の邸宅となった。日比谷《ひびや》から霞ヶ関《かすみがせき》では旧福岡藩黒田家の上屋敷《かみやしき》跡地が外務省、向かいの旧米沢《よねざわ》藩上杉家上屋敷が司法省となり、大手町は大蔵《おおくら》省や内務省、農商務省など多くの役所が建ち並ぶ地域となった。

一方、旧江戸城内では、幕閣の屋敷があった西の丸下（現在の皇居外苑）には、太政官《だじょうかん》や元老院《げんろういん》といった政治と立法の中枢機関が置かれ、北の丸の旧清水家・田安家屋敷には皇城を護衛する近衛歩兵《このえほへい》営が置かれた。同じく徳川御三卿の旧一橋家上屋敷には陸軍軍馬局・病馬《びょうば》院、桜田濠《さくらだぼり》脇の三宅坂《みやけざか》の旧彦根藩井伊《いい》家上屋敷には陸軍省と参謀本部が配置され、江戸城を守っていた徳川一門や譜代《ふだい》大名の屋敷が東京を防衛する軍関係の施設となっていった。

皇居を取り巻く旧江戸城下は、幕末に結んだ不平等条約を解消し欧米列強と対等となることを目的として西洋文化を取り入れた街づくりが実践されていった。まず、幕末の開港直後、築地と横浜に居留地が置かれ、明治五年には築地居留地に近い新橋と横浜を結ぶ日本最初の鉄道が竣工した。その近隣で内海を望む場所にある旧浜御殿に外賓を迎える延遼館《えんりょうかん》が明治二年に開設された。また、旧大名小路の南端には、明治十六年に鹿鳴館《ろくめいかん》が建設され、現在の新橋から内幸町《うちさいわいちょう》一帯が欧化政策を浸透させるための地域として位置づけられた。

さらに、近代的な都市インフラの再整備が次々と行われていった。まず、人の進入を遮断する役割であった江戸城の城門は、馬車など新たな交通手段に対応すべく、明治五年から順次撤廃されていった。そして都市の不燃化を目指した明治政府は、それまで河川や堀に架かっていた木橋に替えて、石橋や鉄橋を架ける計画を立案していった。江戸城外堀では明治六年に肥後の名工である橋本勘五郎《はしもとかんごろう》によって、旧筋違門の石垣を利用した万世橋《まんせいばし》が架けられ、それを皮切りに明治十二年の呉服橋まで一〇ヵ所の石橋が架設されていった。これらは主要街路や重要な商業地など都市の要所に建設されていったのが大きな特徴で、旧江戸城外郭の浅草橋・常磐橋・呉服橋・鍛冶橋など旧枡形《ますがた》門の解体によって、不要となった石材を転用したものであった。

また、明治五年に開設された新橋・横浜間の鉄道は、その後の東京のみならず全国の交通事情を変えていく起爆剤となった。明治二十年代には諸官庁集中計画や市区改正といった近代的都市設計が計画され、東京の街並みは大きく改変していくこととなった。市街化が進んだ都心を通過するために、鉄道の敷設には江戸城外堀《そとぼり》など旧河川や堀などを利用することとなった。

これが旧江戸城を中心とした江戸から東京への都市改造の概要である。エピローグでは、こうした近代化の波によって、江戸城がどのように変貌、あるいは再利用されて近代都市の一部として移行していったかをみていきたい。

江戸城から皇居へ

江戸城の本丸御殿は、現在の皇居東御苑の芝生広場にあったが、明治維新後の廃城によって取り払われたのではなく、前述のように幕末にはすでに焼け野原となっていたのである。その様子は、後述の明治四年に撮影された「旧江戸城写真帖」などで確認することができる。

明治天皇の入城後、明治六年に西の丸御殿が焼失すると、旧紀州藩上屋敷の赤坂邸、現在の東宮御所《とうぐうごしょ》が仮皇居となり、明治二十一年に明治宮殿《めいじきゅうでん》が完成すると宮城《きゅうじょう》と呼ばれた。

当時、旧江戸城を軍事施設とするか、天皇住居に位置づけるかという議論があり、その結果一応軍事施設の性格を残して、防衛上の問題でない内郭門の一部や外郭門の撤去を決定した。

幕末期の江戸城内堀内には御殿はなかったものの、一三棟の櫓《やぐら》、多数の城門が配されていた。しかし、明治三年から同六年にかけて内堀の清水《しみず》門、田安《たやす》門、外桜田《そとさくらだ》門、平川《ひらかわ》門など諸門が撤廃されたのを皮切りに江戸城内に残存した建造物などの破却が始まる。江戸城内堀内にはかつて三重櫓六棟、二重櫓一〇棟、多聞《たもん》櫓二六棟が存在したといわれるが、現在は富士見三重櫓と伏見二重櫓、桜田巽《たつみ》櫓、富士見多聞櫓（御休息所前多聞）、伏見多聞櫓二棟の計六棟が遺存するだけである。

また、江戸城外堀では、明治四年から同五年にかけて市谷門、四谷門、喰違、赤坂門、同六年には虎ノ門、山下門、数寄屋橋門、鍛冶橋門、呉服橋門、常盤橋門、神田橋門、雉子橋門といった城門が撤廃された。

こうした江戸城の荒廃に際して、日本最初の博物館設立に尽力した旧幕臣の蜷川式胤《にながわのりたね》、写真家横山松三郎、内田九一《くいち》らは、明治四年三月九日から約五ヵ月間にわたって江戸城本丸跡のほか、二の丸、三の丸、西の丸、吹上《ふきあげ》といった内郭門および櫓、さらに外郭門の写真撮影を行った。現在、この資料は「旧江戸城写真帖」として東京国立博物館に保管され、国の重要文化財に指定されているほか、宮内庁に残る「各地勝景一」や「観古図説城郭之部」「鹿鳴館写真帖」は、この時に撮影された一連の写真集である。

「旧江戸城写真帖」には幕末に主要な御殿が次々と焼失した後の姿を写している。明治を迎えた時に残っていたのは、財政難のため簡略な「仮御殿」として元治元年（一八六四）に再建された西丸御殿だけであった。この時に撮られた写真は数百枚と伝えられているが、現在は八〇枚を数える程度である。

この写真帖をみると、本丸御殿など御殿建築は消失しているものの、隅櫓や多聞櫓、番所、城門といった建築物の多くは残されていたことが確認される。しかし、後述するように明治二十年から三十年代にかけて市区改正事業や市街電車敷設など、都市が近代化を実現していく過程で城門石垣が撤去され、明治末年には江戸城外郭門の多くが消失することとなる。

近代の社会基盤としての江戸城外堀

JR東日本の中央総武線新宿駅から飯田橋駅までは、明治二十七年（一八九四）に開業した甲武《こうぶ》鉄道が基礎となっている。このうち、四ツ谷駅から、飯田橋駅西口にかつてあった牛込駅までは、江戸城外堀の堀や土手を利用して開設しており、これが近代における最初で最大規模の外堀改変であった。

明治二十二年、道路や鉄道などのインフラ整備を主体とした東京市区改正計画が策定された。それまで上野駅を始発とする日本鉄道と東海道線の起点となる新橋駅、さらに市街地を避けて敷設された品川線（新宿・品川間）を結ぶ市中縦貫鉄道があったが、市街化の進んだ旧江戸城外堀よりも内側の地域には鉄道を通すことができなかった。東京市区改正委員会では、「外郭、即ち牛込、市ヶ谷、四ッ谷、赤坂、虎ノ門などを一周せしめ万世橋より新橋に至る」（東京市区改正委員会第回十四会議・明治二十一年）という、江戸城外堀を利用して環状に巡る市街鉄道を敷設する計画を定めた。しかしこの市街鉄道立案は、当時まだ東京中心部が市街鉄道を必要とする形状になっていない点から、時期尚早という理由によって見送られ、私設鉄道の甲武鉄道が審議されることとなった。

甲武鉄道は、明治二十二年四月に新宿・立川間、八月に立川・八王子間を開通させ、新宿から牛込駅までの路線の開業計画が審議された。市区改正委員会では、塁上の樹木伐採の禁止、四谷門と市谷門の眺望の保存などを実地調査したうえで、四谷門から市谷門に至る土堤《どてい》の突出部分は掘削をやめて隧道《ずいどう》（トンネル）にすること、飯田橋から小石川間の土手の樹木の伐採は認めないなどの設計変更をすることを条件に議決した。さらに陸軍省からは、四ツ谷停車場の堀幅を狭くしないように移動することなどの六項目の変更を条件として付した。この堀幅を狭くしないという要求からは、近代に入っても外堀が皇居防衛上の象徴であったことがうかがえる。

以上の条件をもとに、明治二十六年から工事に着手し、翌年十月に新宿・牛込駅間の営業が開始された。四ツ谷駅から牛込駅までの区間が外堀の土手を活用した範囲であった。その後、甲武鉄道は、神田川沿いの土手を利用して明治二十八年に飯田町、明治三十七年に御茶ノ水、明治四十五年には国鉄に引き継がれて万世橋駅までの路線が延伸されていった。こうして江戸城外堀を利用して都心を横断する鉄道は、東京の近代化を進めた重要な社会基盤となっていった。

外濠埋め立て問題と史蹟（跡）保存

明治維新後、旧江戸城の堀をはじめとする東京府内の河川や堀は、浚渫《しゅんせつ》などの維持管理を行う体制が整っていなかったために汚染が進行し、衛生上の理由からその埋め立てが問題となっていた。なかでも溜池《ためいけ》は明治初期には水が干上がって汚染の進行は早く、沼地となっていたため、東京府では下水を残して埋め立てを要望したが、溜池は防禦線《ぼうぎょせん》であることを理由に放置された状態となっていた。明治二十一年（一八八八）に溜池は、中央に幅一〇間から一五間（約一八～二七メートル）の下水を残し埋め立てられた。さらに、明治三十六年には交通体系の整備と合わせて、溜池から幸橋《さいわいばし》にかけての外堀が幅五メートルほどの下水を残して埋め立てられた。この下水は、堀石垣を用いて石組溝《いしぐみみぞ》としたことが発掘成果から明らかとなった。こうして明治時代後期には溜池や虎ノ門・幸橋間といった主に南方の外堀が埋め立てられていった。

大正期に入ると、近代都市を指向した東京の中で、外堀が非衛生・非生産的な無用の地として、埋め立て・宅地化が取り上げられるようになった。大正九年（一九二〇）には東京府を中心にして江戸城西方の弁慶濠周辺の埋め立て案が出され、市民の猛反対にあうという事件があった。その結果、江戸時代以来の眺望は重要ということになり埋め立ては白紙に戻されることとなった。この頃から都市の防御施設としての外堀に、歴史的景観という視点が加わるようになった。

大正十二年の関東大震災の復興が一段落した昭和十年（一九三五）頃には、東京市によってそれまで残っていた外堀を埋め立てるという計画がされたのを契機に、その是非をめぐって大議論が展開された。すでに埋め立てが進行していた四谷見附《よつやみつけ》周辺に加えて、堀の水の悪臭が激しく、都市の美観上また衛生上よろしくないという理由で、常磐橋から土橋《どばし》（幸橋）間の外濠《そとぼり》川の埋め立てが計画されたのである。

こうしたなか、都市における貴重な歴史・風致を残す空間として、江戸城外堀跡の保全の必要性が論じられた。建築家や都市計画、造園の専門家によって結成された都市美協会は昭和元年、江戸城外堀を巡る風致という立場から反対意見が出された（都市美協会一九三六）。また、考古学・人類学者の鳥居《とりい》龍蔵《りゅうぞう》は歴史的空間の保存を訴えた（鳥居一九三六）。

その論旨としては、江戸城を中心とした景観の保存は必要であり、江戸城の内堀と外堀は東京市の美観を形成する重要な構造物である。このことによって外国人が東京を古き都として羨望し、我々は誇りを持つことができるのであるとした。古き都と新しい都市の二特色を調和させることが東京の改善保存となるとした。この提言は今の東京都心部で進む再開発にも参考となるのではないだろうか。

これらを受けて、牛込・赤坂間の堀と、当時残っていた雉子橋《きじばし》から土橋（幸橋門）間の外堀（旧外濠川）を史蹟名勝天然紀念物保存法に基づく文化財指定のための調整が文部省によって行われていたが、戦時下のもと頓挫した（千代田区・港区・新宿区二〇〇八）。ただ、皇居周辺における震災復興による都市開発が進むなか、警視庁が外桜田門前の新庁舎建設において、一〇〜一一階相当の高さの望楼を計画し、その高層建築が問題となり、その望楼は約一〇㍍《メートル》低くするという事案が生じた。それを契機として、昭和八年に旧江戸城内堀を取り巻く外郭地域を「美観地区」に指定して高層建物への規制を行い、皇居周辺にふさわしい街並みを維持していた。

関東大震災後の変貌する都心にあって、残された貴重な緑地や水辺といった歴史的風致空間としての位置づけも議論されていた。戦前までは江戸城外堀の多くが残されていたが、それを一変させたのが戦後から高度経済成長期の都市開発であった。

江戸城外堀を取り巻く戦後復興期の開発

終戦直後の東京都心は、大半が焼け野原と化した。戦災復興にあたって国や都は、「戦災復興計画基本方針」を定めたが、区画整理事業や首都建設においては、いずれも敗戦直後の混乱や財政難によって成果をあげられなかった。しかし、街に残っている大量の灰燼は復興事業の妨げになるとして、都が河川や濠の埋め立てを進め、それによって新たに生まれた地面を売却して事業資金に捻出することとした（建設省編一九五九）。

昭和二十三年には丸の内一丁目から八重洲《やえす》橋、呉服橋一帯の外濠川と竜閑川《りゅうかんがわ》の埋め立て、翌二十四年には鉄道建設のために内幸町周辺の外濠川の埋め立てが実施された。西側の外堀では四ツ谷駅南側の真田濠《さなだぼり》が昭和二十年の敗戦後に赤坂・麻布・四谷などの灰燼を処理するため埋め立てられた。こうして江戸城外郭の名残は、現存する牛込濠〜市谷濠と弁慶濠《べんけいぼり》を残して失われることとなり、また江戸時代以来親しまれてきた外堀をめぐる景観も無惨な状況となった。

江戸城外堀の文化財指定

現在、近世城郭のうち江戸城や大坂城、名古屋城など徳川幕府直轄の城や姫路《ひめじ》城など良好に遺存している城郭が特別史跡となり、堀や曲輪など城の縄張が残る約四〇ヵ所の城郭が史跡指定されている。近世城郭の文化財指定は、昭和二十一年頃から文部省によって調査が進められ、昭和三十年代にはそれまで軍用地として手をつけられなかった多くの城郭が開放されたことにより、史跡指定が可能になったのである。昭和四十年代以降は、城址公園の名のもと公共用地としてさまざまな施設が作られ、歴史性を失いつつあることを背景に、その保護が図られてきた（仲野一九九八）。

江戸城に関する文化財保護は、関東大震災後に江戸城外郭正門の「常盤橋門跡」が昭和三年に国史跡に指定されたことに始まる。この城門は江戸城外郭正門であるとともに、当時最も良好に枡形虎口の形状が残されていた。関東大震災後の周辺開発により破却される予定であったが、市民の反対運動等によって城門と、明治十年架橋の常磐橋が保存され、昭和九年に東京市「常盤橋公園」が開設された。この史跡指定は、大正十五年に指定された安土城や肥前名護屋《なごや》城についで早い段階で決められたものであった。

その後、前述のように戦前の外濠川などに残る外堀の文化財指定を計画したものの鉄道路線増設や戦中戦後の混乱のなか見送られていたが、昭和三十一年には牛込門～赤坂門の堀と虎ノ門周辺の石垣が江戸城外堀跡として国史跡となった。

皇居の文化財指定

江戸城の中心にある本丸はどのような推移で文化財指定されたのであろうか。前にふれたように幕末の火災によって城内の御殿の多くは失われたものの、城門や櫓などの建物は残っていた。明治元年に旧江戸城内郭が皇居となり、北の丸は近衛師団の兵営地、西の丸下には政府庁舎が配置され、本丸や西の丸は天皇や内親王《ないしんのう》の住まい、宮内省庁舎や省庁の作業場、気象台などが置かれた。その後、西の丸下の庁舎は撤去され、明治二十一年に皇居前広場として公開された。このように明治維新後、江戸城内郭は皇居や明治政府の庁舎など敷地利用が進んだものの、明治六年の火災や関東大震災などでも被災した城門や櫓などの歴史的建物の多くは修理され、戦前までは江戸城の遺構の多くは残っていたようである。

しかし、こうした遺構は昭和二十年の東京大空襲によって壊滅的な打撃を受けた。大手門の渡櫓《わたりやぐら》をはじめ内桜田門、平川門などの城門、富士見櫓といった歴史的建物が焼失し、宮殿も炎上した。戦後焼け残った建物は応急的に宮殿などとして利用していたが、戦後復興の緒についた昭和三十年頃になると、さまざまな分野で皇居の再建、開放などが論ぜられた。

国は、昭和三十四年に皇居造営審議会を設けてその再建計画をまとめている。文化財に

図45　文化財指定された旧江戸城（筆者作成）

関する内容を取り上げると、①皇居東側地区（現在の皇居東御苑）は宮内庁が一括管理し、皇居付属の庭園に整備して原則一般公開すること、②旧本丸、二の丸等の空地は芝張り・植樹その他庭園的整備を行うこと、③地区内に現存する江戸城の遺構は、皇居内の他の遺構とともに文化財保護法の規定による史蹟（跡）に指定すること、などであった。

昭和三十六年には二の丸庭園の整備計画が立案され、大手門渡櫓をはじめ櫓や門、番所の保存・復元が着手され、昭和四十三年に皇居東御苑《ひがしぎょえん》として約二一万平方㍍《メートル》が一般開放された（金井一九八二）。こうして江戸城内郭の堀や石垣、天守台、番所などが昭和三十五年に史跡指定され、昭和三十八年五月三十日には特別史跡となった。また、外桜田門や北の丸の田安門・清水門が昭和三十六年に国指定重要文化財となっている。

このように、現在では江戸城内郭の一部が国特別史跡や重要文化財となり、江戸城外郭では赤坂門から牛込門に至る延長約四㌔の堀と虎ノ門周辺に点在する石垣が国史跡江戸城外堀跡、外郭正門である常盤橋門跡が国史跡に指定されている（図45）。江戸城惣構《そうがまえ》全体からするとこれらの史跡指定は三〇％ほどであるが、そのほかに日本橋川や神田川にもその痕跡を見いだすことができる。現在、江戸城の痕跡は、東京都心の高度利用化された地域にあって、他の城下町の城跡と比較しても良好に保存されているといえよう。

あとがき

平成元年（一九八九）に千代田区役所に入所して以来、区内の遺跡発掘調査を担当し、江戸城跡や江戸城外堀跡などの史跡や遺跡を整備してきた。こうした経験をもとに博物館での展示や文化財指定も手がけた。文化財保護行政が取り巻かれている文化財の保存と活用という重要な課題に、幸運にも長年にわたって取り組むことができた。私が入所したときは、近世の遺跡調査への理解がなかなか得られず、調査費用を土地所有者に求めるのも困難であった。近世には多くの史料があるなかで、なにも発掘する必要はない、というのがその理由であった。文化庁や各自治体による発掘調査は中世遺跡までだったところに、近世期の遺跡も地域として重要なものは発掘できると通知されたのは、二五年ほど前のことであった。

こうしたなか、東京都では「御府内《ごふない》」と呼ばれる地域を対象として、明治時代初期の地図と現代図を重ね合わせた「江戸復原図」を作成し、この図を基礎にして「江戸遺跡」を登録し遺跡調査を行ってきている。人々の生活痕跡や大土木事業の跡など、史料では解き明かすことのできない様々な新しい発見があった。考古学が近世史の解明に大きな役割を果たすまでとなった。さらに最近では近代の遺跡も発掘調査の対象としようという動きもあるという。

いうまでもなく、近世都市江戸は天下人の城である江戸城を中心とした巨大な城下町であった。江戸城跡や江戸城外堀跡は国の史跡であるが、地域としても重要な遺跡である。国史跡以外にも多くの遺跡があり、東京都心にありながら江戸城の痕跡が多くみられることは、意外と知られていない。そのため、蓄積された発掘成果をもとに、江戸城を中心とした江戸・東京の歴史を纏めたいと考えていたが、自分にはかなりハードルが高いテーマであった。二〇二三年の大河ドラマ「どうする家康」や近年のお城ブームをきっかけに、遺跡成果を再度見直して、さらに不得意な文献資料も洗い直し、一念発起してようやく纏まったのが本書である。

江戸の繁栄は徳川家による天下統一の恩恵に他ならない。家康が江戸に本拠を定め、江戸は巨大な都市となり、明治維新を経て現在の東京に至るのである。江戸城を通して、江戸・東京史を描こうとしたのであるが、目的を全うできたであろうか。

本書では、まず「江戸城築城前史」「徳川家康の城づくり」で、徳川家康入部に至る江戸の地域史をまとめた。最近まで、江戸に対する認識は、葦原が広がる寒村であったが家康の先見の明により発展を遂げた、というものであった。しかし、岡野友彦氏の『家康はなぜ江戸を選んだのか』には、古代以来の太平洋水運と多摩川水運を結ぶ品川湊、利根川水運基地の浅草、その中間地点の江戸という三ヵ所の都市が武蔵国の物流拠点であり、この地域は北関東と南関東の境目であったという指摘がなされていた。だが、北条氏時代は一支城であったことは間違いなく、長年、家康の本意は、どこにあったのか不思議であった。しかし、二〇二三年の小田原市でのシンポジウムの時に、黒田基樹氏から江戸城が北条氏政の隠居城として領域支配されていたという指摘を受けて、同氏の成果も反映した。改めて北条氏時代の『小田原衆所領役帳』を調べると、当時の江戸の領域はかなり広い範囲で、重臣が領地を所有していたことがわかり、戦国時代から重要な地域であったことも確認できた。江戸を選定したのが家康なのか、秀吉なのかは未だ不明であるが、家康配下の重臣の領地が秀吉から指定されていることから、江戸も秀吉の指示であった可能性が高く、天下人である豊臣家配下の徳川家であったことが彷彿とされよう。

次に「天下普請による江戸城築城」と「築城後の江戸城の改変」は、これまで遺跡発掘調査や史跡の整備などで得られた成果をもとにした。江戸城内郭では宮内庁による石垣修理に伴う発掘調査によって、現存する石垣内部から古い時代の石垣や建物跡が見つかり、また石垣の構造や刻印調査、文献調査によって、築城した大名を調べて、慶長期から寛永期、さらには明暦大火や元禄地震での石垣技術革新や改変の跡を知ることができた。

江戸城外堀跡では、地下鉄南北線建設に伴う調査に負うところが大きい。本書で取り扱った史料は、文献調査を担当された北原糸子氏による『江戸城外堀物語』や調査報告を参考とした。そこから、寛永十三年（一六三六）の江戸城惣構の構築体制や築造意義などを紐解いた。

「江戸城築城による城下町整備」は主に大名屋敷の配置を、江戸城や城下の防衛という視点で捉えた。江戸に城を構えるときに、城下町整備、特に大名屋敷の配置は重要な課題と考えたからである。江戸遺跡研究会編『大名屋敷』をもとに、二〇二二年に改めて大名の江戸屋敷を調べてみた。文部科学省内の内藤家屋敷跡や井伊家邸以前には加藤清正邸が拝領した現在の国会前庭は、旧東海道を望む高台に立地している。さらに両屋敷は外桜田門と虎ノ門という家康時代の重要拠点にあたり、江戸築城とともに配置されたであろうことを確認した。江戸時代初期の家康と外様大名の関係を推し量る事例と考えた。

寛永十三年の江戸城総仕上げによって徳川御三家の屋敷が外堀に隣接して与えられたのは、上水を屋敷に引き込んだ、都市の重要な社会基盤整備とともに配置された可能性を指摘した。さらに都市が拡大する中で、三代将軍家光の弟筋にあたり将軍を出した一門大名は堀や石垣、枡形門を持つ出城的な屋敷を築き、海辺と北方の台地を守るために配置されたと考えた。まさに徳川将軍家の都市づくりである。

最後の「江戸城廃城から皇居へ」は近代以降の江戸城の消失や改変、堀の再利用、さらには保存へ至る経過を示した。明治時代中期まで都心を通過することのできなかった鉄道は、明治二十七年（一八九四）に四谷から牛込までの外堀を利用して甲武鉄道市街線が開業し、明治末年に至るまで江戸城の堀を利用して延伸していった。江戸の都市構造をうまく利用して東京の近代化を果たした一例である。明治二十二年の市区改正事業の中で外堀を一周するという市街鉄道計画も確認した。この計画が実現したら、外堀の多くが残っていたかもしれない。

本書で取り上げた特別史跡江戸城跡や史跡江戸城外堀跡、史跡常盤橋門《ときわばしもん》跡の発掘調査や史跡整備では、諸先生や諸先輩から多くのご教示やご指導をいただいた。特に地下鉄南北線建設に伴う江戸城外堀跡の調査では、元東京都教育委員会の亀田駿一氏のもと千代田・港・新宿・文京の各区教育委員会が協力して城門や堀の跡を発掘調査した。調査団長であり、早稲田大学教授の谷川章雄氏からは近世遺跡調査の学際的研究の必要性、近世考古学が歴史学に果たす役割などを学ばせていただいた。この調査で文献調査を総括された北原糸子氏、自然科学分析を総括された辻誠一郎氏とは多くの時間を費やして討議して報告書まとめることができた。また、故新谷洋二氏からは、都市開発のなかでの文化財保存や史跡整備の難しさを解決するときに、お互い一〇〇%を求めるのではなく、より良い対応策を探し出すことである、という考え方を教えられた。

このように本書は、先学の研究成果をもとに成ったものである。江戸遺跡研究会では広域に及ぶ「江戸遺跡」で蓄積された膨大な発掘成果のなかから、毎年テーマを定めて大会を開きその成果をまとめている。本書もそれらの成果を基礎としており、今後も近世の考古学が都市史の解明に果たしていくことであろう。最後に本書の刊行を受け入れていただいた吉川弘文館に感謝を申し上げる。

二〇二四年一月

後藤宏樹

参考文献

文献・論文

飯田龍一・俵元昭　一九八八『江戸図の歴史』築地書館
伊東多三郎　一九六四「天正日記と仮名性理」『日本歴史』一九六号
石川県金沢城調査研究所　二〇一二『城郭石垣の技術と組織』石川県金沢城調査研究所
煎本増夫　一九七九『幕藩体制成立史の研究』雄山閣出版
岩本馨　二〇二一『明暦の大火―「都市改造」という神話―』（歴史文化ライブラリー）吉川弘文館
江戸東京博物館　二〇〇三『開府四〇〇年江戸博特別展』
小和田哲男　一九七九『城と城下町』（歴史新書）教育社
加藤理文　二〇〇八「徳川の城」『東京都江戸東京博物館研究報告』一四号
加藤理文　二〇二一『家康と家臣団の城』（角川選書）KADOKAWA
笠谷和比古　二〇〇七『関ヶ原合戦と大坂の陣』吉川弘文館
金井利夫　一九八一『お濠を巡って』（東京公園文庫）郷学舎
川田貞夫　一九六二「徳川家康の関東転封に関する諸問題」『書陵部紀要』一四号
神吉和夫・榮森康治郎・肥留間博　二〇〇〇『玉川上水の維持管理技術と美観形成に関する研究』とうきゅう環境浄化財団

菊池山哉　一九九二『五百年前の東京』批評社
木越隆三　一九九六「万治元年江戸城天守台普請に動員された百姓」『北陸史学』四五号
北垣聰一郎　一九八七『石垣普請』（ものと人間の文化史）法政大学出版局
北垣聰一郎　二〇〇三「江戸城天守台普請の原風景」『金沢城研究』創刊号
北垣聰一郎　二〇二一「中世石積み技能者と「穴太《あのう》」の本貫地と近世「穴太」」『武田氏研究』六三号
北原糸子　一九九四「江戸時代中期における市ヶ谷土手・堀の管理について」地下鉄七号線溜池・駒込間遺跡調査会編『江戸城外堀跡　市谷御門外橋詰・御堀端（第Ⅱ分冊）』
北原糸子　一九九五「伊豆石丁場と都市江戸の構築」地下鉄七号線溜池・駒込間遺跡調査会編『江戸城外堀跡　赤坂御門・喰違土橋』
北原糸子　一九九九『江戸城外堀物語』（ちくま新書）筑摩書房
北原糸子　二〇一六「元禄地震の江戸城修復と大名手伝普請」『国史学』二一八号
黒田基樹　一九九五『戦国大名北条氏の領国支配』岩田書院
建設省編　一九五九『戦災復興誌　第一巻』都市計画協会
後藤宏樹　二〇〇四「江戸の原型と都市開発―作り替えられる水域環境―」『国立歴史民俗博物館研究報告』一一八
後藤宏樹　二〇〇七「江戸城跡・江戸城外堀跡の保存と活用」『文化財の保護』四〇号　東京都教育委員会
後藤宏樹　二〇〇八「発掘調査からみた江戸城」『東京都江戸東京博物館研究報告』一四号

後藤宏樹　二〇一二「江戸の大名屋敷跡―江戸城外郭での屋敷整備―」「あとがき」江戸遺跡研究会編『江戸の大名屋敷』吉川弘文館
後藤宏樹　二〇一四「江戸城をめぐる土木技術―盛土と石垣構築―」江戸遺跡研究会編『江戸開府と土木技術』吉川弘文館
後藤宏樹　二〇一五「江戸城跡と石丁場遺跡」江戸遺跡研究会編『江戸城築城と伊豆石』吉川弘文館
小松和博　一九八五『江戸城―その歴史と構造―』名著出版
齋藤慎一　二〇二一年『江戸―平安時代から家康の建設へ―』（中公新書）中央公論新社
櫻田小百合　二〇一七「徳川期大坂城瓦の変遷試案」『大阪文化財研究所研究紀要』一八号
佐々木克　一九九〇「東京「遷都」の政治過程」『人文学報』六六号　京都大学人文学研究所
佐々木健策　二〇二四『戦国期小田原城の正体―「難攻不落」と呼ばれる理由―』吉川弘文館
柴裕之　二〇一七『徳川家康―境界の領主から天下人へ―』平凡社
杉山宏生　二〇一五「西相模・東伊豆の安山岩石丁場」江戸遺跡研究会編『江戸城築城と伊豆石』吉川弘文館
鈴木尚　一九六三『日本人の骨』岩波書店
鈴木理生　一九八八『江戸の都市計画』三省堂
千田嘉博　一九九三「集大成としての江戸城」『国立歴史民俗博物館研究報告』五〇
田中哲雄　一九九九『城の石垣と堀』（日本の美術）至文堂
田端寶作　一九九一『駿府城石垣刻印の謎』城郭石垣刻印研究所

田端寶作　一九七四『武蔵江戸城』日本古城友の会
段木一行　一九八六「千代田区大手町出土の銅鍾をめぐって」『戦国史研究』一一
千代田区　一九六〇『千代田区史』上巻
千代田区　一九九八『新編　千代田区史』通史編
東京大学地震研究所編　一九八五『新収日本地震史料』第五巻
東京市役所　一九一一〜一八『東京市史稿　皇城篇』第一〜五巻
東京市役所　一九一四『東京市史稿　市街篇』第一巻
東京都　一九六〇『東京市史稿　市街篇』第四九巻
都市美協会　一九三六「座談会」『都市美』一四号
鳥居龍蔵　一九三六「外濠保存に就いて」『都市美』一四号
長井宣子　二〇一八「初島沖海底遺跡を読む」『海事研究』七五号
中西和子　二〇〇三「織豊期城下町にみる町割プランの変容」『歴史地理学』二一三号
仲野浩　一九九八「国史跡の江戸時代城郭」『二本松城址保存管理計画報告書』福島県二本松市教育委員会
芳賀善次郎　一九八一『旧鎌倉街道探索の旅　中道・下道編』（さきたま双書）さきたま出版会
蓮沼啓介　二〇一八「校訂天正日記の資料価値」『日本大学法科大学院法務研究』一五号
波多野純　二〇〇三「築城図屏風の世界」東北芸術工科大学芸術学部歴史遺産学科編『石垣普請の風景を読む―城の石垣はいかにして築かれたか―』

林原利明　二〇一三「静岡県熱海市・初島沖」南西諸島水中文化遺産研究会・鹿児島大学法文学部物質文化論研究室編『水中文化遺産データベース作成と水中考古学の推進　太平洋編』アジア水中考古学研究所
藤井重夫　一九八二「大坂城石垣符号について」岡本良一編『大坂城の諸研究』（日本城郭史研究叢書）名著出版
藤田達生　二〇一八『藤堂高虎論―初期藩政史の研究―』塙書房
東伊豆町誌編纂委員会　一九八九『東伊豆町誌』
平井聖監修・伊東龍一編　一九九二『江戸城Ⅰ（城郭）』（城郭・侍屋敷古図集成）至文堂
福島克彦　二〇〇〇「文献史料から見た惣構について」『中世城郭研究』一四号
藤井譲治　二〇二〇『徳川家康』（人物叢書）吉川弘文館
藤森照信監修　一九八七「東京市区改正委員会議事録」『東京都市計画資料集成　二八巻』本の友社
毎田佳奈子　二〇〇七「江戸の土取場と「西久保城山土取場」の発掘調査」『月刊考古学ジャーナル』五五三号　ニュー・サイエンス社
水江漣子　一九九二『家康入国』（角川選書）角川書店
水品洋介　二〇〇四「史料にみる遺跡の変遷」文部科学省構内遺跡調査会編『東京都千代田区　文部科学省構内遺跡』
村上直　一九九五「徳川氏の関東入国に関する一考察」『法政史学』四七号

調査報告書類

飯田橋駅西口地区市街地再開発組合　二〇一四『東京都千代田区史跡江戸城外堀跡牛込門垣修理工事報告』
宮内庁　二〇〇七『特別史跡江戸城跡　皇居東御苑内中之門石垣修復工事報告書』
宮内庁　二〇〇九『江戸城跡　皇居山里門石垣修復工事報告書』
宮内庁　二〇一三『特別史跡江戸城跡　皇居桔梗濠石垣修復工事報告書』
宮内庁　二〇一八『特別史跡江戸城跡　皇居桜田濠沿い石垣修復報告書』
新宿区教育委員会ほか　二〇一七『江戸城外堀跡　市谷堀―外濠公園地点の発掘調査―』東京都下水道局
地下鉄七号線溜池・駒込間遺跡調査会　一九九四a『江戸城外堀跡　市谷御門外橋詰・御堀端（第Ⅱ分冊）』
地下鉄七号線溜池・駒込間遺跡調査会　一九九四b『江戸城外堀跡　牛込御門外橋詰』
地下鉄七号線溜池・駒込間遺跡調査会　一九九五『江戸城外堀跡　赤坂御門・喰違土橋』
地下鉄七号線溜池・駒込間遺跡調査会　一九九七a『江戸城外堀跡　四谷御門外橋詰・御堀端通・町屋跡（考察編）』
地下鉄七号線溜池・駒込間遺跡調査会　一九九七b『溜池遺跡』第一分冊・第二分冊
千代田区・港区・新宿区　二〇〇八『史跡江戸城外堀跡保存管理計画書』
千代田区飯田町遺跡調査会　二〇〇一『飯田町遺跡』

千代田区教育委員会　一九九五『江戸城跡和田倉遺跡』
千代田区教育委員会　二〇〇一『江戸城の考古学―江戸城跡・江戸城外堀跡の発掘報告―』千代田区文化財調査報告書一二
千代田区東京駅八重洲北口遺跡調査会　二〇〇三『東京駅八重洲北口遺跡』
千代田区一ツ橋二丁目遺跡調査会　一九九八『一ツ橋二丁目遺跡』
千代田区丸の内一―四〇遺跡調査会　一九九八『丸の内一丁目遺跡』
千代田区丸の内一丁目遺跡調査会　二〇〇五『丸の内一丁目遺跡Ⅱ』
千代田区立四番町歴史民俗資料館　二〇一一『江戸城の考古学Ⅱ』千代田区文化財調査報告書二〇
東京国立近代美術館遺跡調査団　一九九一『竹橋門』
東京都埋蔵文化財センター　二〇一五『江戸城跡　三の丸地区』東京都埋蔵文化財センター調査報告三〇二
文化財保護委員会　一九六七『重要文化財　旧江戸城田安門・同清水門修理工事報告書』
文化庁文化財部記念物課　二〇一五『石垣整備のてびき』同成社
文部科学省構内遺跡調査会　二〇〇四『文部科学省構内遺跡』
文部科学省構内遺跡調査会　二〇〇五『文部科学省構内遺跡Ⅱ』

著者紹介

一九六一年、熊本県に生まれる
一九八四年、東洋大学文学部史学科卒業
一九八六年、國學院大學大学院文学研究科考古学専攻修了
一九八六～二〇一七年、千代田区役所勤務（区立日比谷図書文化館学芸員）
現在、東京都立大学プレミアムカレッジ非常勤講師

〔主要論文〕
「江戸の原型と都市開発―作り替えられる水域環境―」（『国立歴史民俗博物館研究報告』一八八、二〇〇四年）
「発掘調査からみた江戸城」（『東京都江戸東京博物館研究報告』一四、二〇〇八年）
「江戸城跡と石丁場遺跡」（江戸遺跡研究会編『江戸城築城と伊豆石』吉川弘文館、二〇一五年）

歴史文化ライブラリー
594

江戸城の土木工事
石垣・堀・曲輪

二〇二四年（令和六）五月一日　第一刷発行

著　者　後《ご》藤《とう》宏《ひろ》樹《き》
発行者　吉　川　道　郎
発行所　株式会社　吉川弘文館
東京都文京区本郷七丁目二番八号
郵便番号一一三―〇〇三三
電話〇三―三八一三―九一五一〈代表〉
振替口座〇〇一〇〇―五―二四四
https://www.yoshikawa-k.co.jp/
印刷＝株式会社 平文社
製本＝ナショナル製本協同組合
装幀＝清水良洋・宮崎萌美

ISBN978-4-642-05994-7

歴史文化ライブラリー

1996. 10

刊行のことば

現今の日本および国際社会は、さまざまな面で大変動の時代を迎えておりますが、近づきつつある二十一世紀は人類史の到達点として、物質的な繁栄のみならず文化や自然・社会環境を謳歌できる平和な社会でなければなりません。しかしながら高度成長・技術革新にともなう急激な変貌は「自己本位な刹那主義」の風潮を生みだし、先人が築いてきた歴史や文化に学ぶ余裕もなく、いまだ明るい人類の将来が展望できていないようにも見えます。このような状況を踏まえ、よりよい二十一世紀社会を築くために、人類誕生から現在に至る「人類の遺産・教訓」としてのあらゆる分野の歴史と文化を「歴史文化ライブラリー」として刊行することといたしました。

小社は、安政四年（一八五七）の創業以来、一貫して歴史学を中心とした専門出版社として書籍を刊行しつづけてまいりました。その経験を生かし、学問成果にもとづいた本叢書を刊行し社会的要請に応えて行きたいと考えております。

現代は、マスメディアが発達した高度情報化社会といわれますが、私どもはあくまでも活字を主体とした出版こそ、ものの本質を考える基礎と信じ、本叢書をとおして社会に訴えてまいりたいと思います。これから生まれでる一冊一冊が、それぞれの読者を知的冒険の旅へと誘い、希望に満ちた人類の未来を構築する糧となれば幸いです。

吉川弘文館

歴史文化ライブラリー

近世史

江戸城の土木工事 石垣・堀・曲輪——後藤宏樹
慶長遣欧使節 伊達政宗が夢見た国際外交——佐々木 徹
徳川忠長 兄家光の苦悩、将軍家の悲劇——小池 進
女と男の大奥 大奥法度を読み解く——福田千鶴
大奥を創った女たち——福田千鶴
江戸のキャリアウーマン 奥女中の仕事・出世・老後——柳谷慶子
江戸に向かう公家たち みやこと幕府の仲介者——田中暁龍
細川忠利 ポスト戦国世代の国づくり——稲葉継陽
家老の忠義 大名細川家存続の秘訣——林 千寿
隠れた名君 前田利常 加賀百万石の運営手腕——木越隆三
明暦の大火 「都市改造」という神話——岩本 馨
〈伊達騒動〉の真相——平川 新
江戸の町奉行——南 和男
大名行列を解剖する 江戸の人材派遣——根岸茂夫
江戸大名の本家と分家——野口朋隆
〈甲賀忍者〉の実像——藤田和敏
江戸の武家名鑑 武鑑と出版競争——藤實久美子
江戸の出版統制 弾圧に翻弄された戯作者たち——佐藤至子
武士という身分 城下町萩の大名家臣団——森下 徹
旗本・御家人の就職事情——山本英貴
武士の奉公 本音と建前 江戸時代の出世と処世術——高野信治
近江商人と出世払い 出世証文を読み解く——宇佐美英機
犬と鷹の江戸時代 〈犬公方〉綱吉と〈鷹将軍〉吉宗——根崎光男
紀州藩主 徳川吉宗 明君伝説・宝永地震・隠密御用——藤本清二郎
近世の巨大地震——矢田俊文
土砂留め奉行 河川災害から地域を守る——水本邦彦
外来植物が変えた江戸時代 里湖・里海の資源と都市消費——佐野静代
闘いを記憶する百姓たち 江戸時代の裁判学習帳——八鍬友広
江戸時代の瀬戸内海交通——倉地克直
江戸のパスポート 旅の不安はどう解消されたか——柴田 純
江戸の捨て子たち その肖像——沢山美果子
江戸の乳と子ども いのちをつなぐ——沢山美果子
江戸時代の医師修業 学問・学統・遊学——海原 亮
江戸幕府の日本地図 国絵図・城絵図・日本図——川村博忠
踏絵を踏んだキリシタン——安高啓明
墓石が語る江戸時代 大名・庶民の墓事情——関根達人
石に刻まれた江戸時代 無縁・遊女・北前船——関根達人
近世の仏教 華ひらく思想と文化——末木文美士
伊勢参宮文化と街道の人びと ケガレ意識と不埒者の江戸時代——塚本 明